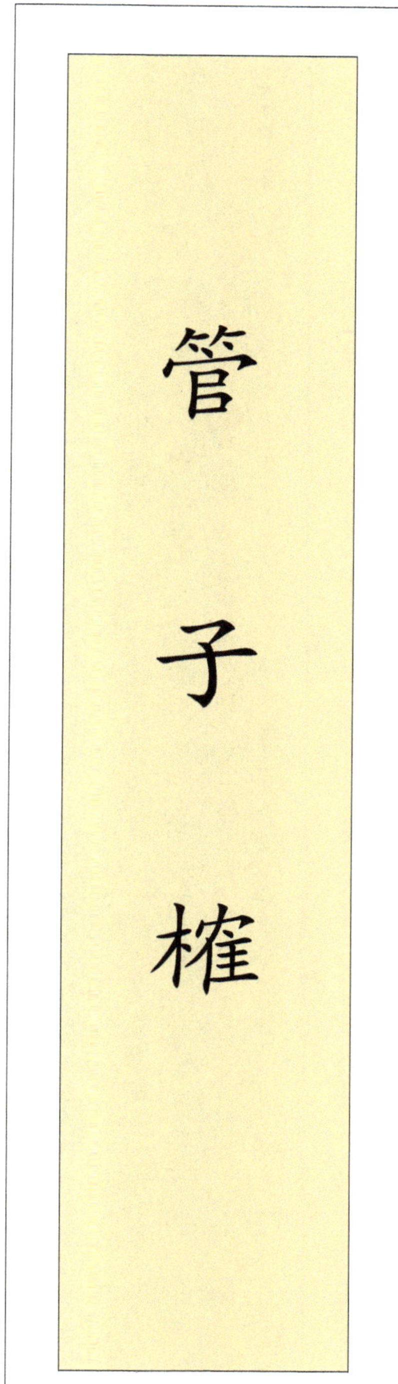

管子榷

［明］朱長春 著

［明］萬曆四十年刊

江蘇大學出版社
JIANGSU UNIVERSITY PRESS
鎮江

管子榷卷第十六

唐司空房　玄齡　註
明道民朱　長春　榷

內業第四十九　封禪第五十

小問第五十一

內業第四十九

區言五

(評)內業玄所謂內丹釋所謂內典也專主譚道

(評)道家三要精化為氣氣化為神神不可言也

故以精氣為業首人以精生既生有氣氣神相依人乃長生養氣以養神也孟子不動之學理與此合此言内業便具許作用節候頗與廣成陰符相參後丹經大記則此業之支流也

凡物之精。此則為生。精謂神之至靈者也得此則為生下生五穀。上為列星流於天地之間謂之鬼神藏於胸中謂之聖人是故民氣。謂上之精者則人氣也杲乎如登於天。杲明貌杳乎如入於淵淖淖女教反乎如在於海淖汋潤也卒乎如在於己。人有氣則存故如在於己也是故此氣也不可止以

力。（以力止之氣愈去）而可安以德（靜心念德氣自來也）不可呼以聲

而可迎以音（調其宮商使之克諧氣自來也）（通）有為不如無為調

息不如自息敬守勿失是謂成德（不失氣德自成）德成而

智出（德成智自生也）萬物果得（以智安物物皆得宜）（通）定慧得果（演）

果乎如登杳乎如入淖乎如海卒乎如在已四言

寫道業節候狀丹功進退終始後世道訣無以及

也此理至微此言亦至微不可言顯可神會會之

字字皆丹下承不可止以力四語并作法備矣旦

暮解在能者此處政不容力也知出其定之慧乎

果得其証之成乎西方秘密具矣大學能慮能得其旻耶凡心之刑。刑法也謂得安心之法也自充自盈。充盈謂完而無虧也自生自成。生成謂每心必有所成凡此皆得安心法故也其所以失之。心以憂樂喜怒欲利。此六者過常以亂於心則失矣能去憂樂喜怒欲利。心乃反濟。若能去六者則心反守其所而能濟成也

㊣通 自充自盈自生自成道法自然也不見可欲使心不亂欲既已去餘情何處著脚彼心之情利安以寧。安寧者心之所利也勿煩勿亂和乃自成。若無煩亂心和自成折折乎如在於側忽忽乎如將不得。折折明貌言心明察若在其側及其求之則忽

忽然而不得渺渺乎如窮無極。渺渺微遠貌言心之微遠如欲窮之則無其極此稽不遠。日用其德。常以此考心不遠之則日有所用也適若有若無而不可窮日用而不知即日用其德演心為神室言心神已具矣養氣之後只當養神反濟而安和稽之不遠日用皆是物也如在側如將不得如窮無極狀神之妙爾稽神之法耶夫道者所以充形也。自形內而虛者皆道而人不能固。人不能固守其虛反以利欲塞也其往不復。其來不舍。既有利欲之心則道往而不復雖其有來無處可舍謀乎莫聞其音。今謀欲尋於道則不聞其音卒乎乃在於心。冥冥乎不見其形。（尋至於極則近於心心之方寸虛道之君乎）淫淫乎與我俱生。（淫淫增進貌有生則有道故曰與我俱生也）不見其形，不聞其聲，而序其成，謂之道。（雖無形聲常依序而成故謂之道也）〔演〕氣合神，神合道，道固而形充，出入無疾，朋來無咎，反復其道，七日來復，道之舍也。不見希不聞夷，希夷而道成，成而序其有序耶？無序耶？業者內知。〔演〕無音卒卒，無形淫淫，乎在于心，即與我生矣。神之來也，妙如是乎？有見有聞，何以得是？曰卒在心，曰淫淫生，登假知𦨭在舟不知

凡道無所善心安愛。言道無他善唯愛心安也心靜氣理道乃

可止。若靜心則氣自調理故道來止也彼道不遠民得以產。人得之以

生則道在人故不遠也彼道不離民因以知。人既因道而知則道常存而不

離是故卒乎其如可與索。推尋其終似可與索眇眇乎其如

窮無所。及欲窮之則眇眇然無所彼道之情惡音與聲。音聲者所以亂

道故惡之也修心靜音道乃可得。㊣通多言數窮不如守

中道也者口之所不能言也目之所不能視也耳

之所不能聽也所以修心而正形也。雖不可以言語視聽用之

修心則外形自正也㊣通惟玄惟默無視無聽形將自正道將

来舍人之所失以死。所得以生也。事之所失以敗。所得以成也。

凡道無根無莖無葉無榮。道非如卉木而有根莖花葉也萬物以生。萬物以成。命之曰道。無根莖而能生無花葉而能成則陰陽不測者也故命之曰道天主正。平分四時天之正也地主平。均生萬物地之平也人主安靜。無為而無不為人之安靜也春秋冬夏。天之時也。山陵川谷地之枝也。為地之枝條也喜怒取予。人之謀也。四者謀是之用也故聖人與時變而不化。時自變耳聖本不化從物而不移。物遷而從之聖本不移能正能靜。然後能定。必正靜然後定也定心在中耳目聰明。四枝堅固。心苟定於中則耳目自聰明四枝自堅固也可以為精舍。心者精之所舍精也者氣之精者也。氣之尤精者為之精氣道乃生。氣得道能有生生乃思。生則有心故思也思乃知。思則知生也知乃止矣。成智則理足故止也演曰無思慮營營曰不可以思曰多知為敗曰無知無得此言思知何也形死神生心死心生孰知生之乎死乎死之為生乎止而無思無知道生生而有思有知道止定慧相生知止能得聖如是佛如是心之思知人也道之思知天也入人無天入天無人無人人亦天矣凡心之形過知失生。（安心之法智過其度則失其生）一物能化謂之神。一事能變謂之智。（一謂無也謂無心於物事而物事自變化以為神智也）化不易氣變不易智惟執一之君子能為此乎。（苟執一故能不易其氣智也）執一不失。能君萬物。（無心為有心者主也）君子使物不為物使。（無心故能使物而物不能使也）得一之理治心在於中。（苟得中則心自治矣）治言出於口。治事加於人。（則無在事）然則天下治矣。一言得而天下服。一言定而天下聽公之謂也。（理心之謂）形不正。德不來。中不靜。心不治。正形攝德。天仁地義。則淫然而自至。（言欲正形攝德但能則天之仁

〔法地之義則德淫然自至淫進貌也〕㊣演淫然自至至者知不至不知自至者有强至者不有神明之極照乎知。〔照智者神明之極理〕

萬物中義守不忒。〔若常守中則無差忒〕不以物亂官〔貪物則官亂〕不以官亂心。〔貪官則心亂〕是謂中得。〔能忘官貨則中心自得也〕有神自在身。〔中得則神自在身也〕一往一來莫之能思。〔神不測者也故往來不能思也〕失之必亂得之必治。〔謂神也〕敬除其舍精將自來。精想思之。〔除謂有則想思之〕寧念治之。〔寧靜思念則心自治〕嚴容畏敬。精將至定。〔但能嚴敬則精至而必也〕得之而勿捨耳目不淫。心無他圖。〔既得精守之而勿捨則耳目不淫心無他慮也〕正心在中

萬物得度。心在中而正則無過舉故萬物得度也道滿天下普在民
所。民不能知也。言人皆有道但不能自知耳一言之解。上察於
天。下極於地。蟠滿九州。若能解道之一言則能察天極地而中滿於九州蟠
委地也何謂解之。在於心安。解道者在於心安我心治。官乃
治我心安。官乃安。言官之治安皆從心生也治之者心也。安之
者心也。治之與安無不由心心以藏心。言心亦藏於心也之中又
有心焉。以心藏心故心中又有心(通)心一而道與人二道之生
於心二人之生於心亦二二之皆又有心也心心以
藏心以我之神定其元神彼心之心。謂心中所藏之心音

以先言。言從音生故音先言音然後形。有音然後見也形然後言。有形則是言也言然後使。有言則出命故有所使令使然後治。㊀許使然後治不同消為之學也經曰心使氣曰强益生曰祥不治必亂。使而違理故亂亂乃死。亂則凶禍至故死也精存自生其外安榮。精存於中則自然長生至於外形靜而榮茂也內藏以為泉原。內藏於精則無竆竭若水之泉浩然和平以為氣淵。言精既浩然和平則能生氣故為氣淵淵之不涸。四體乃固。生氣之淵不有竭涸故四體固也泉之不竭。九竅遂通。藏精之泉不竭故九竅通也乃能窮天地。被四海。體固竅通故能壽畢天地德被四海中無惑意。外無邪菑。邪菑生於惑意故內無感意則邪菑自銷也心全於中，形全於外。中全則外完不逢天菑，不遇人害。天菑人害能禍不全者也（通）不逢不遇解在莊子秋水，非其薄之謂也。謂之聖人。人能正靜，皮膚裕寬，耳目聰明，筋信而骨强。但能正靜則皮膚自裕寬耳目自聰明筋骨自申强（演）皮膚耳目筋骨四驗，深于道，所以充形也。根心生色，德符養徵，神藏其中，非形何驗乎？形非舉肥之謂也，神有居其形者也。皮膚裕寬，此理諸家少發。面如鼓，頭餘皮，項有絛，相人以是定其夭長，其裕也。有以裕也，乃能戴大圜。天也而履大方。地也鑒於大清。道也視於大明。日月也敬慎無忒。日新其德徧知天下。窮於四極。敬發其充。充謂道也是謂內德。發行於道故內得也然而不反。此生之忒。忒差也不反守于道則生有差謬也

凡道(評)凡道此下語精理真是經言然大約管子中論道時總雜不一且精于微而未妙于化猶以識入非以神解也有之無非無之無必周必密。周密則慎不泄必寬必舒。寬舒則博而容必堅必固。堅固則精不解守善勿舍。勿舍則善自成逐淫澤薄。競逐淫邪津澤浮薄既知其極。反於道德。知極反德則常道自隆全心在中。不可蔽匿。有諸內必形於外也和

於形容。心和者容晬也見於膚色。內暢者體澤善氣迎人。親於弟兄。惡氣迎人。害於戎兵。不言之聲。疾於雷鼓。謂全心以德感物者也德者不疾而速不崇朝而遍天下故疾於雷鼓也心氣之形。明於日月。察於父母。全心之氣發形於外則無不耀無不知若明於日月察於父母也

（通）不言而聲雷鼓淵默而雷聲也心形而明日月冥冥獨見曉也察于父母若保而心誠中也唯保赤子乃能比赤子。

賞不足以勸善。慕賞為善非本為善刑不足以懲過。畏刑懲過非本無過氣意得而天下服。若不慕賞不畏刑意氣內得此誠善也故天下服心意定而天下聽。心意定則理明故天下聽也

摶氣如神。萬物備存。摶謂結聚也結聚純氣則無所不變化故如神而物備存矣能摶乎。能一乎。摶結則自一也能無卜筮而知吉凶乎吉凶在於逆順故不須卜筮而知也能止乎。能已乎。謂正而求諸已也能勿求諸人而得之已乎。求人者惑自得者明㊟通逐逐後不休求人者也能止能已舍人而得已思之思之。又重思之。求已者必須再三思之也㊟演思之重思與思誠理合若說何思何慮解心釋神則此隨有彼入無耶即下言思之不捨內困外薄則亦以吾不通聽之神通者也非強神以索通矣強之不神神不来矣故曰無能

勿致節齊自至思之而不通鬼神將通之。若再三思之而
不通則或致鬼神爲通之也非鬼神之力也精氣之極也。言今能致
鬼神者非鬼神自見其力蓋。由思之不已精氣之極也四體既正血氣既靜
一意摶心耳目不淫雖遠若近。言既體正氣靜意一心摶耳目之用
不有淫過事雖遠大可以近速而成也㊀通鬼神通之萬物備存也思
索生知。近而通思索其知自生㊀通何思何慮多知爲賤慢易
生憂。疎慢輕易必致凶禍故生憂暴傲生怨。殘暴傲虐傷害憂必多故生怨也
鬱生疾。憂恚鬱塞懷不通暢故生疾也疾困乃死。既疾而困可謂彌彌而死思
之而不捨內困外薄思欲不捨則五藏困於內形骸薄於外也不蚤爲

圖。生將巽舍。既已內困外薄，尚不圖之，如此則生將巽適其舍而至於死期也。食
莫若無飽。飽食者善閉塞。思莫若勿致。致思者多困竭。(演)善制者
不割，善沒者不溺，善刀者無傷，故思之重之而
勿致，勿致思者，可以思矣。節適之齊。彼將自至。齊中
也。言能節食適思，常莫過中，則生將自至。凡人之生也。天出其精。言稟精於
天也。地出其形。地出衣食以養成其形。合此以為人。言合天地精氣以成
人。和乃生。二氣和乃成其生也。(演)和乃生，天之為也。察和之
道，人之為也。知天之為，知人之為，以其所知養其
所不知，不中天矣。不和不生。察和之道。其精不見

其微不醜。醜類也言欲察和則精不可見至於微驗又不知其類也平正擅匈。論治在心。此以長壽。和之情類雖不可知見但能平而正則和氣獨擅於匈中論其適理又不離心如此可以益算而長壽也忿怒之失度。乃為之圖。若忿怒過度則當圖而去之節其五欲。去其二凶。喜怒過度皆能為害故曰二凶不喜不怒。平正擅匈。不喜不怒可謂和也故能既平且正獨擅於胷中也通精不見微不類冥而內養一而外通和之道也論治于心所以察和而平正也節五欲去二凶所以守和而擅乎正也凡人之生也。必以平正。所以失之。必以喜怒憂患是故止怒莫若詩。詩有清風之辭故能止怒去憂莫若樂，節樂莫若禮，守禮莫若敬，守敬莫若靜。內靜外敬，能反其性，性將大定。凡食之道，大充傷而形不臧。大充謂過於飽。大攝骨枯而血沍。大攝謂過於飢。血沍謂血銷減而凝沍。充攝之間，此謂和成。間猶中也。充攝得中則和暢而有所成也。精之所舍，而知之所生。言精智生舍於和成。飢飽之失度，乃為之圖。圖之令合於度。飽則疾動，飽而疾動則食氣銷。飢則廣思，飢而廣思則忘其飢。老則長慮。老而長慮則遺其老。飽不疾動，氣不通於四末。四末，四支。飢不廣思，飽而不廢。廢，止也。老不長慮，困乃遬竭。令老則益困而遬竭。（通）虛能靈，飢則虛矣，思廣以

通之廣故能容虛故能化故其飽可消定生慧老
則定矣長慮以生之慮故神來長故神遠故其周
不竭大心而敢心既浩大又能勇敢寬氣而廣當寬舒其氣而廣有所容
其形安而不移形安則志固故不移能守一而棄萬苛守一則惡
煩故能棄萬苛也見利不誘見害不懼寬舒而仁獨樂其
身是謂雲氣意行似天能調其氣故比於雲意之行氣似天之布雲也凡
人之生也必以其歡歡則志氣和故壯也憂則失紀怒則失
端憂怒過常則失其端紀憂悲喜怒道乃無處憂怒則害道故道無所處
愛慾靜之遇亂正之謂若愛慾則當靜之若遇亂則當正之勿引勿

推。福將自歸。去而勿引來而勿推但任平而往福則自歸也彼道自來。可藉與謀。藉因也因其自來而與之謀謀則意動而理盡(通)安而後慮慮而能得道來可謀謀則道來也養生曰為躊躇滿志善刀而藏之靜則得之。躁則失之。靈氣在心。一來一逝。靜則來躁則逝其細無內。其大無外。所以失之。以躁為害。心能執靜。道將自定。得道之人。理丞而屯泄匈中無敗。謂勝理丞達屯聚泄散故匈中無敗(通)得和則理平而丞之不和則此動而泄之有道却走馬以糞無道戎馬生於郊也理丞飲和也屯泄發陳也敝不新成

故曰中無敗節欲之道萬物不害能節欲則物無害也

封禪第五十元篇亡今以司馬遷封禪書所載管子言以補之　　襍篇一

桓公既霸會諸侯於葵丘而欲封禪管仲曰古者封泰山禪梁父者七十二家而夷吾所記者十有二焉昔無懷氏古之王者在伏羲前封泰山禪云云云云山在梁父東虙羲封泰山禪云云神農封泰山禪云云炎帝封泰山禪云云黃帝封泰山禪亭亭亭亭山在牟陰顓頊封泰山禪云云帝嚳封泰山禪云云堯封泰山禪

云云舜封泰山禪云云禹封泰山禪會稽湯封泰山禪云云周成王封泰山禪社首山名在博縣或云在鉅平南十三里皆受命然後得封禪桓公曰寡人北伐山戎過孤竹西伐大夏涉流沙束馬懸車上卑耳之山將上山纏東其馬懸鈎其車也卑耳即齊語所謂辟耳南伐至召陵登熊耳山以望江漢兵車之會三而乘車之會六九合諸侯一匡天下諸侯莫違我昔三代受命亦何以異乎於是管仲睹桓公不可窮以辭因設之以事曰古之封禪鄗上之黍北里之禾鄗上山也鄗音臛鄗上北里皆他名所

以為盛江淮之間一茅三脊所謂靈茅所以為藉也東海致比目之魚各有一目不比不行其名曰鰈西海致比翼之鳥各有一翼不比不飛其名曰鶼鶼然後物有不召而自至者十有五焉今鳳凰麒麟不來嘉穀不生而蓬蒿藜莠茂鴟梟數至而欲封禪毋乃不可乎於是桓公乃止

小問第五十一

襍篇二

評 小問小史也内外傳時有諸子亦時有此中佳者入古湯者不足攬

桓公問管子曰治而不亂明而不蔽若何管子對曰明分任職則治而不亂明而不蔽矣公曰請問富國奈何管子對曰力地而動以時則國必富矣謂勤力於地利其所動作必合於天時公又問曰吾欲行廣仁大義以利天下奚為而可管子對曰誅暴禁非此大義也存亡繼絕而赦無罪此廣仁也則仁廣而義大矣公曰吾聞之也夫誅暴禁非而赦無罪者必有戰勝之器攻取之數而後能誅暴禁非而赦無罪公曰請問戰勝之器管子對曰選天下之豪傑致天下之精

材來天下之良工。則有戰勝之器矣。公曰。攻取之數何如。管子對曰。毀其備。散其積。奪之食。則無固城矣。（毀備奪食則無以守故其城不固此謂攻也）公曰。然則取之若何。（謂取其士）管子對曰。假而禮之。（假謂假借之恩）厚而勿欺。（厚謂重之以德）則天下之士至矣。公曰。致天下之精材若何。（精材謂美材可為軍之器用也）管子對曰。五而六之。九而十之。不可為數。（欲致精材者必當貴其價故他處直五我酬六他處直九我酬之十常令貴其一分不可為定數如此則天下精材可致也）公曰。來工若何。管子對曰。三倍不遠千里。（酬工匠之庸直常三倍他處則工人不以千里為遠皆至矣）桓公曰。

吾已知戰勝之器攻取之數矣，請問行軍襲邑舉錯而知先後，不失地利若何？管子對曰：用貨察圖。用貨爲反間則知其先後，察彼國圖則不失地利也。公曰：野戰必勝若何？管子對曰：以奇。奇謂權譎以勝敵也。公曰：吾欲徧知天下若何？管子對曰：小以吾不識，則天下不足識也。若能博聞多見，齊其所不識，則知天下通矣。吾之所識，天下亦無人能識之也。通 不出戶知天下，自性具萬性，一徹則俱徹，非天下不可識，吾有不識也。語無小不識天下大何有。公曰：守戰遠見有患。爲國者必入守出戰，今吾於此二者預見其患矣。夫民不必死，則不可與出乎守戰之難。(守戰之難必致死然後可出也)不必信則不可恃而外知。(人必誠信然後為君視聽故知外事也)夫恃不死之民而求以守戰恃不信之人而求以外知兵之三闇也。(苟不死不信則守闇戰闇外闇故曰三闇)使民必死必信若何管子對曰明三本。公曰。何謂三本管子對曰。三本者一曰固二曰尊。三曰質。公曰。何謂也。管子對曰。故國父母墳墓之所在固也。(人既戀本而哀墳墓則其心固)田宅爵祿尊也。妻子質也。三者備。然後大其威。厲其意。則民必死而不我欺也。(不我欺則信也)桓公問治民於管子。管子對曰凡牧民者必知其疾疾謂患苦也而憂之以德勿懼以罪勿止以力煩力役則止而不來慎此四者足以治民也桓公曰寡人睹其善也何爲其寡也謂四言雖善然以之理國恐其太少管仲對曰夫寡非有國者之患也患在不能行不在寡少也昔者天子中立地方千里四言者該焉何爲其寡也該備也謂四言足以備千里之化不爲少夫牧民不知其疾則民疾疾謂憎嫉之也不憂以德則民多怨懼之以罪則民多詐設詐以避罪也止之以力則往者不反創其力役之苦來者鷙距鷙疑也距止也閉其役煩則疑而止也故聖王之牧民也不

在其多也。桓公曰。善。勿已。如是又何以行之。其事既善雖然不但如是而已更有何事以行此四言也管仲對曰。質信極忠質主也謂主能得信又極忠也嚴以有禮慎此四者。所以行之也。桓公曰。請聞其說管仲對曰信也者民信之。忠也者民懷之。嚴也者民畏之。禮也者民美之。語曰。澤命不渝信也。謂恩澤之命不有渝變如此者信也非其所欲。勿施於人。仁也。仁者忠於人也堅中外正。嚴也。質信以讓禮也。主行於信又能遜讓如此有禮也桓公曰。善哉。牧民何先。管子對曰。有時先事。有時先政。有時先德。有時先恕。飄風暴雨不為人害。涸旱不為民患。百川道。(百川之流皆從故道)年穀熟。糴貸賤。禽獸與人聚食民食。(年穀熟則禽獸食人之食)民不疾疫。當此時也。民富且驕。牧民者厚收善歲以充倉廩。(善歲謂有年)禁藪澤。此謂先之以事。隨之以刑。敬之以禮樂。以振其淫。(振正也。禮樂者所以止人淫放)此謂先之以政。

飄風暴雨為民害。涸旱為民患。年穀不熟。歲饑。糴貸貴。民疾疫。當此時也。民貧且罷。牧民者發倉廩山林藪澤以共其財。後之以事。先之以恕。以振其罷。此謂先之以德。其收之也。不奪民財。(謂善歲也)其施

之也。不失有德。謂凶年也富上而足下。此聖王之至事

也。桓公曰善。

桓公問管仲曰。寡人欲霸。以二三子之功。既得霸

矣。今吾有欲王。其可乎。管仲對曰。公當召叔牙而

問焉。管仲知桓公不可王。難以實對。故推令問叔牙鮑叔至。公又問焉。鮑

叔對曰。公當召賓胥無而問焉。賓胥無趨而進。公

又問焉。賓胥無對曰。古之王者。其君豊。其臣教。君豊

臣教。則君能制臣。故可以王也今君之臣豊。言德豊於君也公遵遁繆然

遠二三子。遂徐行而進。言公之所遵行者[illegible]繆妄之事無所比可

於二三子但當塗而漸以取進耳欲王天下恐未可公曰昔者大王賢王季賢文王賢武王賢武王伐殷克之七年而崩周公旦輔成王而治天下僅能制於四海之內矣今寡人之子不若寡人寡人不若二三子以此觀之則吾不王必矣

桓公曰吾欲勝民言欲勝服於民為之奈何管仲對曰此非人君之言也人君之言當仁以化之不可直用刑勝也勝民為易夫勝民之為道非天下之大道也君欲勝民則使有司疏獄而謁有罪者償謂疏錄獄囚謁告有罪者則償之也數省而

嚴誅。數省有過嚴其誅罪若此則民勝矣。雖然勝民之為道

非天下之大道也。使民畏公而不見親。嚴刑故也禍亟

及於身。二世嚴刑身戮望夷雖能不久。雖能勝人不可久安則人持莫

之獄也。危哉持謂見劫執也獄謂殺親也君之國岌乎。

桓公觀於廐。問廐吏曰。廐何事最難。廐吏未對。管

仲對曰。夷吾嘗為圉人矣。圉養馬者傳馬棧最難。謂編次之

棧馬所立木也（評）傳馬棧工于箴粟禾工于順美浩浩乎

工于下士此小問之雋言與灊灊古音新諳自謂

芳芳不古先傅曲木曲木又求曲木。編棧者先附曲木其次還

◎

須曲木，求其類。曲木已傳，直木無所施矣。既用曲木又施直木則失其類而棧敗矣喻小人用則君子退也 先傳直木，直木又求直木，直木已傳，曲木亦無所施矣。喻君子用則小人退

桓公謂管仲曰：吾欲伐大國之不服者，奈何？管仲對曰：先愛四封之內，然後可以惡竟外之不善者。四封之內見愛則人致死可以惡竟外之不善者 先定卿大夫之家，然後可以危鄰之敵國。卿大夫之家既定則國强故可以危鄰國 是故先王必有置也，然後有廢也。已國有置然後廢他國也 必有利也，然後有害也。能利已國然後可以害他國也

桓公踐位。令釁社塞禱。殺生以血澆落於社曰釁社祝鳧已疵獻胙祝祝史鳧疵其名也胙祭肉也祝曰。除君苛疾。祝令除君煩苛之疾與若之多虛而少實。若似也謂君之材能多似有而非實知者亦祝去之也桓公不說。瞋目而視祝鳧已疵。祝鳧已疵授酒而祭之曰。又與君之若賢。謂君似賢亦當去之桓公怒將誅之而未也。以復管仲。復猶告也管仲以是知桓公之可以霸也。祝史誣君之惡君怒而將誅之是心務善也故知可與霸也

桓公乘馬虎望見之而伏。桓公問管仲曰。今者寡人乘馬。虎望見寡人而不敢行。其故何也。管仲對

曰：「意者君乘駮馬而洀桓，迎日而馳乎？」（洀，古盤字。）公曰：「然。」管仲對曰：「此駮象也。駮食虎豹，故虎疑焉。」

楚伐莒，莒君使人求救於齊。桓公將救之，管仲曰：「君勿救也。」公曰：「其故何也？」管仲對曰：「臣與其使者言，三辱其君，顏色不變。（辱其君而色不變，則無羞恥也。）臣使官無滿其禮，三（三加其禮，皆不滿足。）強其使者，爭之以死。（不識不滿之意，纔激強之則爭之以死，是不智。）莒君小人也，君勿救。」（其使不賢，故知其君小人也。）桓公果不救而莒亡。

桓公放春三月觀於野，（春物放發，故曰放春。）桓公曰：「何物可比於君子之德乎隰朋對曰夫粟內甲以處中有卷城外有兵刃種粟者甲在內而處葉居外而卷若城苗之纖芒在外有兵刃未敢自恃自命曰粟粟之物用雖如此然不敢自恃故自名曰粟粟則謹促之名也此其可比於君子之德乎管仲曰苗始其少也眴眴胡絹切目搖也乎何其孺子也眴眴柔順貌穀苗始至則柔順故似孺子也其壯也莊莊乎何其士也壯謂苗轉長大莊莊矜直貌也至其成也由由乎茲免何其君子也由由悅也實貌茲勉謂益有謹勵天下得之則安人以穀為命不得則危故命之曰禾以其和調人之性命此其可比於君子之德矣桓公曰善評粟禾

兩喻即隰管之品也粟之粟利用守禾之和利用合故九合一匡仲能之仲死而齊戎車不駕會壇不築則隰之材短耳隰死而三豎進五公子爭國而伯遂衰然則守亦何容易乎甚哉仲知人也曰勿已隰朋可

桓公北伐孤竹未至卑耳之谿十里闟然止瞠然視闟佇立貌瞠驚視貌援弓將射引而未敢發也謂左右曰見是前人乎左右對曰不見也公曰事其不濟乎寡人大惑今者寡人見人長尺而人物具焉冠右

袪衣走馬前疾事其不濟乎寡人大惑豈有人若此者乎管仲對曰臣聞登山之神有俞兒者長尺而人物具焉霸王之君興而登山神見且走馬前疾道也袪衣示前有水也右袪衣示從右方涉也至卑耳之谿有贊水者謂贊引渡水者曰從左方涉其深及冠從右方涉其深至膝若右涉其大濟桓公立拜管仲於馬前曰仲父之聖至若此寡人之抵罪也久矣抵當也不知仲父之聖是寡人當有罪久矣管仲對曰夷吾聞之聖人先知無形今已有形而後知之臣非聖也

善承教也。（善承古人之法）

桓公使管仲求甯戚，甯戚應之曰：浩浩乎。管仲不知，至中食而慮之。婢子曰：公何慮？管仲曰：非婢子之所知也。婢子曰：公其毋少少，毋賤賤。昔者吳干戰，（干江邊地也）未齔不得入軍門。（齔毁齒也）國子摘其齒，遂入為干國多。（戰功曰多，言於干戰國子功多也）百里傒，秦國之飯牛者也，穆公舉而相之，遂霸諸侯。由是觀之，賤豈可賤，少豈可少哉？管仲曰：然。公使我求甯戚，甯戚應我曰：浩浩乎。吾不識。婢子曰：詩有之，浩浩者水。

育育者魚。水浩浩然盛大魚育育然相與而遊其中喻時人皆得配偶以居其室家甯戚有伉儷之思故陳此詩以見意未有室家而安召我居。言誰當召我授之配匹與之爲居乎也甯子其欲室乎。

桓公與管仲闔門而謀伐莒。未發也而已聞於國矣。桓公怒謂管仲曰寡人與仲父闔門而謀伐莒未發也而已聞於國其故何也。管仲曰國必有聖人。桓公曰然。夫日之役者有執席食以視上者必彼是耶。桓公與管仲謀時役人於前乃有執席而食私目上視所以察君也必是人者知吾謀也於是乃令之復役毋復相代。時執席而食者代人入役因得察君令不令相代彼亦知君覺已必當來也少焉東郭郵至。桓公令儐者延而上。儐謂贊引賓客者也與之分級而上。公以客禮待之故與之分級而上謂使之就賓階也問焉。曰：子言伐莒者乎。東郭郵曰：然，臣也。桓公曰：寡人不言伐莒而子言伐莒，其故何也。東郭郵對曰：臣聞之，君子善謀而小人善意。善以意度之也臣意之也。桓公曰：子奚以意之。東郭郵曰：夫欣然喜樂者，鐘鼓之色也。夫淵然清靜者，縗絰之色也。漻然豐滿心在兵武形氣盛故其貌豐滿而手足拇動者，中勇外形必應故手足拇動也兵甲之色也。日者臣視二君之在臺上也。口開而不闔，是言莒也。莒字兩口，故三君開口相對，即知其言莒。舉手而指，勢當莒也。且臣觀小國諸侯之不服者，唯莒。於是唯莒不服，於是知之。臣故曰伐莒。公曰：善哉。以微射明，此之謂乎。言以形色之微，知伐國之明也。子其坐，寡人與子同之。同伐莒之謀也。

客或欲見於齊桓公，請仕上官，授祿千鍾。公以告管仲。曰：君予之。客聞之，曰：臣不仕矣。公曰：何故。對曰：臣聞取人以人者，以人之言，然後取人。其去人也，亦用人。吾不仕矣。

管子榷第十六卷終

管子權卷第十七

唐司空房　玄齡　註

明道民朱　長春　權

七臣七主第五十二　禁藏第五十三

七臣七主第五十二

襍篇三

〔評〕命曰七臣七主而文以七主引七臣中反復遠近皆陳治亂由主得可以繩七臣失則爲六臣所惑明夫馭馬者人馭臣者君也首舉七王

列一是六過而末七臣止列其六一是為忠無可列也又臣是由于君是是故佞可化忠過則忠緣為佞故哲主懲六而守一臣之是過無適而隣哉化矣議正而奇文亦奇以正但叙次乎可

或以平虛請論七主之過謂平易虛心也七主據下唯有六者皆過主能無此六者過則為一是主也過主六是主一故曰七主也得六過一是以還自鏡以知得失得六過則為一是以自鑒得失可知也以繩七臣得六過一是呼嗚美哉成事疾疾美也繩謂彈正也言以六過繩六臣令臣無

六過是故為一君臣咸有一德故能成美也申主任勢守數以為常申謂

陳用法令周聽近遠以續明遠近之事周而聽之則其明不絕皆要審

則法令固賞罰必則下服度事皆得要而詳審則法令固賞罰必而下

皆服其法度也不備待而得和通不備待而得和德化而

政簡民自和也則民反素也謂以道德理世之君至仁感物德和自此

而至故人皆反於樸素今中主不能然故以為過也憲主豐賞厚賜以竭藏

赦姦縱過以傷法藏竭則主權衰法傷則姦門闓

故曰泰則反敗矣謂為惠太過故反成敗也侵主好惡反法以

自傷越法行事謂之侵所好所惡皆反於法故自傷喜決難知以塞明決難

知則理不當故明塞也從狙而好小察。狙伺也謂既任臣有所為必從而伺之事無常而法令申不訐。(通)訐與竊同過主行一意而莫知其失是不訐而敗訐則敗矣則國失勢。訐古伍字謂偶合也言雖申布法令於事不合法既不行所以失勢也茁主目伸五色。耳常五聲。茁謂茁然不曉識之貌伸謂放恣也四鄰不計。四鄰與巳為隙不計度而知之也司聲不聽。司聲之官隨君所好不為聽其理亂之音也(通)司聲不聽耳目之官失守也此防口杜言之朝則臣下恣行而國權大傾不訐則所惡及身。所為既不令理故惡還及身勞主不明分職上下相干。言失任臣之理勞而無功故曰勞主臣

主同則。臣主同則為句刑振以豐豐振以刻臣主同輕則俱奮威權故刑罰大振而且豐多刑豐而又妄振非刻而何也去之而亂臨之

而殆。則後世何得。權臣振主君竊去之必為亂任而臨之必危殆既亂且危敗亡必及故後代無得也振。主。喜怒無度。嚴誅無赦。動發威嚴謂之振也臣

下振怒不知所錯則人反其故。故為先君之理不啎。則法

數日衰而國失固。舉錯既不合理故數衰而國失固芒主兩芒

主一從亂一從治治而為治非也微猜自聖上攬

權而下壅蔽此謂形彊精索中乾外植故曰緩急

俱植木槁而不為用也槁之弊昏與淫等故兩曰

芒芒然無知也。通人情以質疑。故臣下無信，盡自治其事，則事多。（既不自曉，故下通人情以問所疑，則臣下無所取信，皆自任智聽，以理其事，人人生事，故事多也。）㊀通 自治以主，言多則昏，昏則緩急俱植。（植，立也。既昏而不明，故緩急之事俱可立。）不爲，則見所不善。（所爲既不合理，故其所見之事皆不善。）餘力自失而罰。（尚有執權餘力，已不自責，乃遷怒而罰之。）㊀通 以已桎梏之類自罰爲戮，故主虞而安。（虞，度也。主能度宜而行，故安。但主能度而安，則致下數事。）吏肅而嚴，民樸而親，官無邪吏，朝無姦臣，下無侵爭，世無刑民。（凡兆皆主虞而安故也。）故一人之治亂在其心。（在其心之邪正。）一國之存亡在其主。在其主之智愚天下得失道一人出。道從也一人爲主也明主得闇主失主好本。則民好墾草萊。本謂農桑也主好貨。則人賈市。主好宮室。則工匠巧。主好文采。則女工靡。夫楚王好小腰而美人省食。吳王好劍而國士輕死。(評)吳王好劍去桓公遠故管子重言十七非其眞也死與不食者。天下之所共惡也。然而爲之者何也。從主之所欲也。而況愉樂音聲之化乎。夫男不田。女不緇。緇謂黑繒工技力於無用。謂勤力於無用之器物也而欲土地之毛。毛謂嘉苗倉庫滿實。不可得也。土地不毛。則人不

[illegible]是戰國後文字

足。人不足。則逆氣生。不足則怨怒故逆上之氣生逆氣生。則令不行。然彊敵發而起。雖善者不能存。謂善為計謀何以効其然也。曰昔者桀紂是也。誅賢忠。近讒賊之士。而貴婦人。好殺而不勇。好富而忘貧。馳獵無窮。鼓樂無厭。瑤臺玉餔不足處。王餔猶玉食馳車千駟不足乘。材女樂三千人。謂有材能之女樂也鍾石絲竹之音不絕百姓罷之。君子無死。言不為君致死卒莫有人。人有反心遇周武王。遂為周氏之禽。為周所禽獲也此營於物而失其情者也。物謂臺榭車音所為侈靡者愉於溪樂而忘後患者也。故設用無度。國家踣。踣謂散亡舉事不時。必受其菑。

夫倉庫非虛空也。必侈費無度故空商宦非虛壞也。必棄本遷末故壞

法令非虛亂也。必上替下陵故亂國家非虛亡也。必倒道背理故亡

彼時有春秋。歲有敗凶。政有急緩。故物有輕重。政急物輕政緩物重歲有敗凶。故民有義不足。歲既敗凶雖有義事不足以行其禮

(通)富歲民義凶年民急時有春秋。故穀有貴賤。春穀貴秋穀賤而上不調淫。故游商得以什伯其本也。淫過也謂穀物過於貴賤則上當收散以調之毋之不為故游商得什伯之嬴以弃其本也

(通)徵貴徵賤。廢著以要重利。故云什

伯其本，百姓之不田，貧富之不訾，皆用此作。訾，限也。皆從不調澡而作也。

城郭不守，兵士不用，皆道此始。道，從。

夫亡國踣家者，非無壤土也，其所事者非其功也。夫凶歲雷旱，非無雨露也，其燥濕非其時也。亂世煩政，非無法令也，其所誅賞者非其人也。暴主迷君，非無心腹也，其所取舍非其術也。故明主有六務四禁。六務者何也？一曰節用，二曰賢佐，三曰法度，四曰必誅，五曰天時，六曰地宜。四禁者何也？春無殺伐，無割大陵，割，謂掘從之也。倮大衍，倮，謂焚燒令蕩然俱盡。伐大木斬大山。行大火。誅大臣。收穀賦凡此春之禁也夏無遏水達名川。謂偃塞小水合大水塞大谷。動土功。射鳥獸凡此夏之禁秋無赦過釋罪緩刑。冬無賦爵賞祿傷伐五穀。五穀之藏故春政不禁則百長不生。夏政不禁則五穀不成。秋政不禁則姦邪不勝。冬政不禁則地氣不藏。四者俱犯。則陰陽不和。風雨不時。大水漂州流邑。漂流謂滿溢於隄防故漂流城邑大風漂屋折樹。火暴焚地燋草。旱甚則草燋天冬雷。地冬霆。霆震草木夏落而秋榮。蟄蟲不藏。宜死者生。宜蟄者鳴。苴多騰蟇。苴謂草之騎蕎山多蟲螟（螟即蚕）六畜不蕃民多夭死國貧法亂逆氣下生故曰臺榭相望者亡國之廡也馳車充國者追寇之馬也（追猶召也言馳車所以召寇）羽劔珠飾者斬生之斧也文采纂組者燔功之窑也明王知其然故遠而不近也能去此取彼則人主道備矣（此謂珠飾等物彼謂節用愛民）夫法者所以興功懼暴也律者所以定分止爭也令者所以令人知事也法律政令者吏民規矩繩墨也夫矩不正不可以求方繩不信（音申）不可以求直法令者君臣之所共立也權勢者人主之所

獨守也。故人主失守則危，臣吏失守則亂。罪決於吏則治。有罪者吏必能決，決之故理。權斷於主則威，民信其法則親。是故明王審法慎權，下上有分。下慎罰，上執權，各有其分。

也。夫凡私之所起，必生於主。主不好本，則私生。夫上好本，則端正之士在前。本謂道德之政。上好利，則毀譽之士在側。好利則傾巧，故毀譽之士在側。上多喜善賞，不隨其功，則士不為用。雖曰好善，及其有功則不能賞，故曰士不為用。數出重法而不克其罪，則姦不為止。克謂勝伏。明王知其然，故見必然之政，立必勝之罰，故民知所必就而知所必去。推則往。

召則來，如墜重於高，如瀆水於地。（以譬招來之易也）故法不煩而吏不勞，民無犯禁，故有百姓無怨於上。上亦法，臣法，（言亦為臣立法）斷名決無誹譽。（依名而斷決，則理當而事愜，故無誹譽）故君法則主位安，臣法則貨賂止，而民無姦。嗚呼美哉，名斷言澤。（依名而斷，則其言順而澤）飾臣克親貴以為名，（盡名求實之飾，克勝也，謂不求親貴以自克勝，持此為名）恬爵祿以為高。（佯弃爵祿以自安恬，以此為高）好名則無實，（美名外揚，內實必喪）為高則不御。（恬爵祿者，君不能御也）故記曰：無實則無勢，（勢必以實生）失轡則馬焉制。（制馬必以轡，制臣必以祿）侵臣事小察以折法令，（枉法）

行事謂之侵 好佼反而行私請。佼謂假詐也背理為反 故私道行則法度侵。不侵法度則無以成其私 刑法繁則姦不禁。主嚴誅則失民心。亂臣多造鍾鼓衆飾婦女。以惛上。故上惛。則隟不計而司聲直祿。上既惛暗雖有危亡之隟不能計度而知之其司聲之官直得祿而已不憂其職務 是以諂臣貴而法臣賤。此之謂微孤。諂貴法賤則危亡日至故其君衰微而孤獨 愚臣深罪厚罰以為行。深文入罪厚致其罰此愚臣之行 重賦斂多兊道以為上。兊悅也謂多賦斂以悅道於君 使身見憎而主受其謗。厚罰多斂人必憎之 故記稱之曰。愚忠讒賊。此之謂也。愚臣雖有忠於主乃比之讒賊 姦臣

太四百六三

痛言人情以驚主。痛甚極之辭開罪黨以為雠。開引罪黨上聞於君與之為雠除雠則罪不辜。彼但雠耳未必皆有罪今而除之則罪不辜之人也罪不辜則與雠居。既殺不辜則人皆雠已故所與居者莫非雠也故善言可惡。通雠與居則善士屏面諛日至而逆耳無聞姦臣欲奸君權先以諛附耳奸君之意以自信而主失親。好言可惡之事以告於君此求君之信已也君果信之則失其所親也亂臣兩亂臣政與兩芒主配一明論以固寵一偽忠以賈權自為辭功祿。明為下請厚賞。已有功當得祿則佯辭之以為名其下未必當賞則明然為之請以求眾心也居為非毋動為善棟。其居也與衆非者爲毋其動也與伴爲善者爲揀渠也以非買名。以是傷上。其所以買名者用非道躐同爲之必傷於上㊀通以非買名許主以沽直也以是傷上居善而歸過也而衆人不知之謂微攻。言爲僞善漸攻於君

禁藏第五十三

襍篇四

㊀評法家墨家陰陽家地力家權家雜奢爲議逐事爲段逐既爲議亦多有精言然駁而不雜悉而不諭其言法儉居商申之閒時紀則幼官之

餘本業則地買之略似計然之策猶近管之本

術五謀功則蠡種倘越之成筭也此意春秋末

之文耶時文時古時樸時衍不似一人之筆

禁藏於胷脅之內而禍避於蔦里之外能以此制

彼者唯能以已知人者也言度已以察彼則無隱情故姦謀藏於胷脅姦藏禍息故遠避於蔦里之外彼不能與姦生禍則我能制之凡此皆以已知人故也評呂攬多此發端後世論冒昉于此夫冬日之不濫非愛

冰也濫謂泛冰於水以求寒所謂濫藥夏日之不煬非愛火也為

不適於身便於體也冬之水夏之火皆於身體不適便夫明王不

美宮室非喜小也，不聽鐘鼓非惡樂也，為其傷於本事而妨於教也。美宮室聽鐘鼓則傷事而妨教。故先慎於已而後彼，官亦慎內而後外。內則本務，外則末業。君慎之則臣效。民亦務本而去末。官慎之則民効也。居民於其所樂，居其所樂則聚土而不遷。事之於其所利，事其所利則不勸而自務。賞之於其所善，賞其所善則皆悅而立功。罰之於其所惡，罰其所惡則惡慎而無犯。信之於其所餘財，君人者莫不有餘財期賞而必，故曰信。功之於其所無誅，必勝殘息誅，然後可以為成功。於下無誅者必誅者也，有罪必誅故能息，所謂以刑止刑，以殺止殺也。有誅者不必誅者也，有罪不必誅，故誅不息也。以有刑至無刑者其法易而民全刑茲無赦人不敢犯故曰以有刑至無刑若此者其法簡易而民完全以無刑至有刑者其刑煩而姦多緩誅宥死人則輕而犯之故曰無刑至有刑若此者其刑繁漫而姦人多夫先易者後難無刑至有刑故曰先易而後難先難而後易有刑至無刑故曰先難而後易萬物盡然皆同之於用法明王知其然故必誅而不赦必賞而不遷者非喜予而樂其殺也所以為人致利除害也賞不遷非喜與誅不赦非樂殺然必其誅賞則為人致利除害故也

通 管氏不聞嚴誅必殺審於法可此申韓之家託也用法者與倚法者異管假于用商韓則倚而殉於以養老長

弱完活萬民，莫明焉。言養老活人，無明於必誅賞。夫不法法則治。言不法者必以法正之，故治。法者，天下之儀也。儀謂表也。所以決疑而明是非也，百姓所縣命也。刑罰一差，人無所措手足，故曰縣命。故明王慎之，不為親戚故貴易其法。故謂恩舊。吏不敢以長官威嚴危其命，危謂毀敗。民不以珠玉重寶犯其禁。所謂君無欲焉，雖賞之不竊。故主上視法嚴於親戚，不為親戚易法，故法嚴。吏之舉令敬於師長，不為師長危令，故令敬也。民之承教重於神寶，不為重寶犯禁，故教重。夫寶有靈，故曰神寶。故法立而不用，刑設而不行也。無犯之人，則無所用其刑法。夫施功而不鈞，位雖高為用者少。（施功謂施恩於有功者施恩不均則有功者怨故雖有高位人不為用）赦罪而不一。德雖厚不譽者多。（赦罪不一則毒流不辜雖有厚德人誰譽之）舉事而不時。力雖盡其功不成。（方冬植禾雖勤似后稷不能成其嘉苗）刑賞不當。斷斬雖多其暴不禁。夫公之所加。罪雖重。下無怨氣。私之所加。賞雖多。士不為歡。行法不道。衆民不能順。（有道之人必順於道）舉錯不當。衆民不能成。（衆尚不成況無衆乎）不攻不備。（夫設備者必防攻也）當令為愚人。故聖人之制事也。能節宮室適車輿以實藏（不費於宮室車輿則庫藏自實也）則國必富位必尊。能適衣服去玩好以奉本。本謂農桑而用必贍，身必安矣。能移無益之事，無補之費，通幣行禮，而黨必多，交必親矣。移無益無補之費而行禮故黨多交親也夫衆人者多營於物而苦其力，勞其心，故困而不贍。營物過分故勞而不贍大者以失其國，小者以危其身。凡人之情，得所欲則樂，逢所惡則憂，此貴賤之所同有也。近之不能勿欲，謂所好之物遠之不能勿忘，人情皆然，而好惡不同，各行所欲。各以所欲行之而安危異焉。適理而欲則安，背理而欲則危然後賢不肖之形見也。夫物有多寡而情不能等，賢者欲寡不肖者欲多也事

四百卌

有成敗而意不能同賢者意多成不肖者意多敗也行有進退而力不能兩也賢者能進不肖者唯退也故立身於中謂多寡成敗進退之中也養有節宮室足以避燥濕食飲足以和血氣衣服足以適寒溫禮儀足以別貴賤游虞足以發歡欣棺槨足以朽骨衣衾足以朽肉墳墓足以道記道識其處各有記也不作無補之功雖曰有功於身無補不為無益之事故意定而不營氣情氣情不營則耳目穀穀善也謂聰明不虧衣食足耳目穀衣食足則侵爭不生怨怒無有上下相親兵刃不用矣故適身行義儉約恭敬

其唯無福。禍亦不來矣。[禍福兩無乃善之至]驕傲侈泰離度絶理。其唯無禍。福亦不至矣。[禍福兩有乃禍之至]是故君子上觀絶理者以自恐也。[觀絶理者致禍故恐]下觀不及者以自隱也。[隱度也度已有不及之事當效之也]故曰譽不虛出。[必出於行善]而患不獨生。[必生於為惡]福不擇家。[雖賤家行善福亦來矣]禍不索人。[雖貴人行惡禍亦至矣]此之謂也。[凡此欲令修已以致福無恃貴以招禍]能以所聞瞻察則事必明矣。[謂耳所聞目所瞻皆能審察其是非如此則無事不明矣]故凡治亂之情。皆道上始。[道從也事明則理反是則亂也]故善者圉之以害牽之以利。[有害則圉有利則牽]能利害者財多而過寡矣。利害由己則避害而取利取利則財多避害故過寡矣評此段言尊剩約而悖夫凡人之情見利莫能勿就見害莫能勿避。其商人通賈倍道兼行夜以續日千里而不遠者利在前也。疾至則得利故速行而不倦也評引弓而太史公發之遂成貨殖傳一段長議漁人之入海海深萬仞就彼逆流。謂[illegible]超[illegible]逆流乘危百里宿夜不出者利在水也。故利之所在雖千仞之山無所不上深源之下無所不入焉。故善者勢利之在而民自美安。勢利在身則人美而安之不推而往。不引而來。不煩不擾而民自富。凡此皆勢利之所致如鳥之覆卵無形無聲而唯見其成。夫勢利致人若鳥之覆卵焉雖無形聲俄見其成也夫為國之本。得天之時而為經。經所以本之也評此段言時政日星為紀故事可列四時為柄故事可勸其說本小正然但而不𠵧得人之心而為紀。紀所以總之也法令為維綱維綱所以張也吏為綱罟。綱罟所以苞之也什伍以為行列。行列所以開具之也賞誅為文武。賞則文誅則武繕農具當器械。農具既繕則器械可修也耕農當攻戰。耕農之不怠若攻戰之不退也推引銚耨以當劍戟。用銚耨者必推引之若劍戟擊刺被蓑以當鎧鑐。蓑雨衣被著之所以禦雨

露若武備之有鎧鑐著甲周身若褐炙故曰鑐蒩笠以當盾櫓取蒩澤草以為笠若
武備之有盾櫓也故耕器具則戰器備具耕器則備軍用也農事習
則功戰巧矣習農則當功戰當春三月萩室熯造熯謂以大乾也
三月之時陽氣盛發易生溫瘦楸木鬱臭以辟毒氣故燒之於新造之室以禳祓也鑽燧易
火杼井易水所以去茲毒也四時易火至春則取榆柳之火春時之井
又當復杼之以易其水凡此皆去時滋長之毒（通）春陽氣逐陰氣而出陰
主滋潤侵人生毒故萩之熯之易之以去茲毒舉
春祭塞久禱以魚為牲以糵為酒相召久禱而未報若當享
塞之相召謂因此時召親賓所以屬親戚也毋殺畜生毋拊卵

拊謂擊剝之也毋伐木。毋夭英。英謂草木之初生也毋拊竿。竿笋之初生也所以息百長也。所以生息百物之長賜鰥寡振孤獨貸無種與無賦。所以勸弱民。謂勸勉貧弱之人也發五正。正謂五官正也赦薄罪。出拘民。解仇讎。仇讎者和讎令反去所以建時功施生穀也。謂及時立農功施力為生穀凡此皆春令(通)四時煩約榮差其文法也春為歲首乃其事詳夏賞五德。謂五常之德滿爵祿。遷官位。禮孝弟。復賢力。所以勸功也。賢而有功賞復除之此皆夏令秋行五刑。誅大罪。所以禁淫邪止盜賊。凡此皆秋令冬收五藏。五穀之藏最萬物。最聚所以內作民也。凡此皆冬作四時事備而民功百倍矣於四時事皆備故人有百倍之功故春仁夏忠秋急冬閉生者仁也長者忠也收當急也藏當閉也順天之時約地之宜忠人之和忠猶稱也事稱人理則和故風雨時五穀實草木美多六畜蕃息國富兵彊民材而令行人多材藝而順上命故令行也內無煩擾之政外無彊敵之患也夫動靜順然後和也不失其時然後富不失其法然後治故國不虛富必不失財然後富也民不虛治必不失法然後治不治而昌不亂而亡者自古至今未嘗有也昌必國理亡必國亂反是者古今所未有故國多私勇者其兵弱私勇則怯於公

戰故弱

評此段承上言料民

吏多私智者其法亂私智則營己而背公故多亂民多私利者其國貧。私則利積於家故國貧故德莫若博厚。使民死之。博厚則感人深故死之也賞罰莫若必成。使民信之。夫善牧民者。非以城郭也。輔之以什司之以伍。謂什長伍長伍無非其人。雖伍長亦選能者為之也無非其里。謂無容寄里無非其家。言不離居他人家故奔亡者無所匿。遷徙者無所容。有什伍司之不容他寄也不求而約。不召而來。亡徙無所容匿故不求召而自來故民無流亡之意。吏無備追之憂。人說不亡何所備而追之故主政可往於民。民心可繫於主。(謂繫屬於主)夫法之制民也猶陶之於埴冶之於金也。(人之從法若埴金之從陶冶也)評此段又承言計田以致之餘術主于務農足食占田視後世橫征漁利猶為本法去三代不遠故審利害之所在民之去就如火之於燥濕水之於高下。(火水之就燥下猶人之就利)夫民之所生衣與食也食之所生水與土也所以富民有要食民有率率三十畝而足於卒歲歲兼美惡畝取一石則人有三十石果蓏素食當十石。(果蓏不以火化而食故曰素食)評亦是貨殖采本俚而實文樸而實富糠粃六畜當十石則人有五十石布帛麻絲旁入奇利未在其中也。奇餘言不在五十石之中也故國有餘藏民有餘食。每年人有五十石故藏皆餘也夫敘鈞者所以多寡也。敘鈞謂敘比其為平權衡者所以視重輕也戶籍田結者所以知貧富之不訾也。謂每戶置籍每田結其多少則貧富不依訾限者可知也故善者必先知其田乃知其人。田多則人多田少則人少田備然後民可足也。凡有天下者以情伐者帝。謂深知敵之內情而伐者帝也以事伐者王。見其於事有失而伐者王以政伐者霸。見其政有失而伐者霸而謀有功者五。謂計謀可以成功

㊟評管氏之政翦

戎臣王存亡救敗未嘗傾人之一國于五謀功何有謀功之說始皇用収六國漢高帝用滅項羽其周末秦先兼士之略乎出於孫武用間孫用之兵勝一敵秦用之國并天下如管封三亡國絕一斯太子鄰可并敵可疊而義不為也扶義者非全謀功也

一曰視其所愛以分其威。令敵國之所愛者各權則其威分也一人兩心其內必衰也。威分則每人各懷二心二則力不齊故內衰也臣不用其國可危臣既不為君用力故其國可危

二曰視其陰所憎厚其貨賂得情可深。視敵所憎者多與賂令以國情告已故深得其情

身內情外。其國可知。謂所憎者身在國內情乃告外其國可知也三曰聽其淫樂以廣其心。使之聽淫樂心廣於嗜欲遺以竽瑟美人以塞其內。耽於竽瑟美女則心惑亂故其內閉塞也遺以諂臣文馬以蔽其外。耳惑於諂臣目惑於文馬則耳目喪矣故其外蔽也外內蔽塞可以成敗。內外蔽塞則理攡而見惑故莫不敗四曰必深親之如典㊀典疑與字俱之同生。典常也若常與之同生也陰內辯士使圖其計。私使辯士令與敵國圖計內勇士使高其氣。彼得勇士則特而氣高也內人他國使倍其約絕其使拂其意。更納人於他國令背絕使兩國之意相違也是必士鬭兩國相敵必承其弊。亦既相疑其士必鬭兩國敵則小傷大國以承其獘乃有一舉兩獲之功也五曰深察其謀。欲知其謀得失也謹其忠臣。欲知其臣之用不揆其所使。欲知其所令使賢不肖内不信使有離意。内既不信相疑則使其君臣之意絶離氣不能令。必内自賊。君臣意離別不可使令既不命則自相殘殺忠臣已死。故政可奪。久之云亡邦國殄瘁故其政可奪此五者謀功之道也。

管子權第十七卷終

管子榷卷第十八

唐司空房　玄齡　註

明道民朱　長春　榷

入國第五十四　九守第五十五

桓公問第五十六　度地第五十七

入國第五十四 謂始有國入而行化

襍篇五

（演）九惠王政之大也王者贊化以左右民必先於此人不足補之以王即補之以天王代天者

也天所不至唯王能至之天為民立王也非民之為天必黜王不祀故勿謂法家法不依王不道伯不匡王不行

入國四旬。五行九惠之教（旬即巡也謂四面五方行而施九惠之教）一曰老老。二曰慈幼。三曰恤孤。四曰養疾。五曰合獨。六曰問疾。七曰通窮。八曰振困。九曰接絕。所謂老老者。凡國都皆有掌老。（謂置掌老之官）年七十已上。一子無征。（不預國之征役）三月有饋肉（謂官饋之肉）八十已上。二子無征。月有饋肉。九十已上。盡家無征。日有酒肉。死上共棺槨。勸子弟精膳食。問所欲。求所嗜。問老者何所欲求訪其所以嗜欲而供也此之謂老老。所謂慈幼者。凡國都皆有掌幼。士民有子。子有幼弱不勝養為累者。勝堪也謂不堪自養故為累有三幼者無婦征。四幼者盡家無征。五幼又予之葆。葆令之教母受二人之食。官給二人之食能事而後止。幼者漸長能自管事然後止其養此之謂慈幼。所謂恤孤者。凡國都皆有掌孤。士人死。子孤幼。無父母所養。既無父母又無所養之親也不能自生者。屬之其鄉黨知識故人。養一孤者。一子無征。養二孤者。二子無征。養三孤

四百卅

者盡家無征掌孤數行問之。必知其食飲飢寒身之膌胜而哀憐之。膌瘦也胜肥也此之謂恤孤。所謂養疾者。凡國都皆有掌養疾聾盲喑啞跛躄偏枯握遞遞著也謂兩手相拱著而不申者謂之握遞不耐自生者。上收而養之疾既養之又與療疾官。通疾官為句唐有病坊主坊即疾官也而衣食之。謂官給之衣食殊身而後止。殊猶離也疾離身而後止其養此之謂養疾。所謂合獨者。凡國都皆有掌媒丈夫無妻曰鰥。婦人無夫曰寡。取鰥寡而合和之。予田宅而家室之。三事然後事之事謂供國之職役也此之謂合獨。所謂問疾者。凡國都皆有掌病。士人有病者掌病以上令問之。九十以上日一問。八十以上二日一問。七十以上三日一問。衆庶五日一問。疾甚者以告。上身問之。掌病行於國中。以問病爲事。此之謂問病。所謂通窮者。凡國都皆有通窮。若有窮夫婦無居處。窮賓客絶糧食。居其鄉黨。以聞者有賞。不以聞者有罰。此之謂通窮。所謂振困者。歲凶庸人訾厲。訾疾也厲病也多死喪。弛刑罰。赦有罪。散倉粟以食之。此之謂振困。所謂接絶者。士民死上事。死戰事使其知識故人受資於上資謂財用而祠之。此之謂接絕也。

九守第五十五 主位 主明 主聽 主賞 主問 主因 主則 主叅 督名

襍篇六

評 九守與經言近文要而古

安徐而靜。人君居位當安徐而又靜默 柔節先定。以和柔為節先能定已然後可定人 虛心平易以待須虛其心平其意以待臣之諫說須亦待也

右主位人主居位當如此

目貴明耳貴聽。心貴智以天下之目視。則無不見

也。以天下之耳聽則無不聞也。以天下之心慮則無不知也。輻湊竝進則明不塞矣言聖人不自用其聰明思慮而任之天下故明者爲之視聽者爲之聽智者爲之謀輻湊竝進不亦宜乎故曰明不可塞

右主明主明在於用天下耳目視聽之

聽之術曰勿望而距勿望而許聽言之術必須審察不可望風則有所距有所許也許之則失守距之則閉塞既未審察輒有距而許之故或失守或閉塞高山仰之不可極也深淵度之不可測也不審察者常爲彼所知故戒之當如高山深淵不可極而測之神明之德正靜其極也。既如山淵則其德配神明而正且靜如此者其有窮極矣

右主聽

用賞者貴誠，用刑者貴必。刑賞信必於耳目之所見，則其所不見莫不闇化矣。誠暢乎天地，通於神明，見姦僞也。（既暢天地通神明，故有姦僞必能見之。）

右主賞

一曰天之，二曰地之，三曰人之，（言三才之道幽邃深遠，必問於賢者而後行之。）四曰上下左右前後，（凡此皆有逆順之宜，故須問之。）熒惑其處安在。（又須知法星所在也。）

通　煬竈附耳，都為熒惑，半在近侍，叅遠問之。要之，凡所行疑皆惑，凡所蔽明皆熒

感也參伍三才周行六虛非問不可故疑思問下之長目飛耳樹明其道也

右主問

心不為九竅九竅治心任九竅九竅自治通心不為九竅九竅治道妙之言君不為五官五官治君任五官故五官自治之為善者君予之賞為非者君予之罰君因其所以來因而予之則不勞矣自來而因得賞何勞之有聖人因之故能掌之掌主也因來而賞物皆屬已故能主之因之修理故能長久

右主因

人主不可不周。周謂謹密也人主不周。則羣臣下亂。不周則泄其機事故臣下交爭而亂也寂乎其無端也。慎密者當如是外。內。不。通。安。知。所。怨。外內不通則事不泄故無怨關。閉。不。開。善。否。無。原。既不開其關閉故善之與不善不得知其原矣

右主周

一曰長目。二曰飛耳。三曰樹明。明知千里之外。隱微之中。曰動姦。姦動則變更矣。姦在隱微其理將動姦既動矣自然變更

右主察

修名而督實。按實而定名。名實相生。反相為情。名實當則治。不當則亂。名生於實。實生於德。德生於理。理生於智。智生於當。

右督名

桓公問第五十六

襍篇七

(演)古之帝王聖賢皇皇唯不及則檢身于有過哉過而知如日月知者早也故曰有未嘗不知知未嘗復行顏氏之子幾何人哉已所不知人將

知之故莫若延諑而喜聞予曰察言觀色慮以下人夫且咨之幾微而可弭之通道乎士有百行君有萬幾幾之爲萬微矣神矣故世之昌也達其口而延之匕也防其口而壅之明臺衢室告旌諫鼓揔街靈臺又不足也而陳詩於巡聽謡於巷周爰於皇華采方於輶軒奏曲於房廟如一隅之向一言之塞通其幾于萬唯曰不足而後聾其君者蕞之曰翹過曰沽名曰譎利乎果使其名利以餌也而吾受爲戒之益非益嘗

所賞諫象狀㞢若哉凡士之無欲而官則寡矣凡君之官人求亡其欲則衆矣主惡聞而曰無開其欲則莫若空班署而獨立能乎哉不使以諫欲而以壅蔽欲天下之士之趨於欲不可言矣善哉嘖室之議齊所以伯諸侯也鄉校之毀鄭所以存微國也齊大而君臣共主之鄭微矣而一鄉為政不亡為幸仲與僑皆明著於帝王聖賢之皇皇哉故仲尼兩曰人也

齊桓公問管子曰吾念有而勿失得而勿忘為之

有道乎。對曰：勿創勿作，時至而隨，毋以私好惡害公正，察民所惡以自為戒。人有所惡，已行之非。黃帝立明臺之議者，上觀於賢也。堯有衢室之問者，下聽於人也。舜有告善之旌，而主不蔽也。禹立諫鼓於朝，而備訊唉。訊，問也。唉，驚問也。湯有總街之庭，以觀人誹也。武王有靈臺之復，而賢者進也。復謂白也。此古聖帝明王所以有而勿失，得而勿忘者也。桓公曰：吾欲效而為之，其名云何？對曰：名曰嘖室之議。謂議論者言語譊嘖。曰：法簡而易行，刑審而不犯，事約而易從，求寡而易是人有非上之所過。謂之正士。見上有過而非之可謂正士內於嘖室之議。納正士之言著為嘖室之議有司執事者咸以厥事奉職而不忘為此嘖室之事也請以東郭牙為之。此人能以正事爭於君前者也。桓公曰善

度地第五十七　　襍篇八

(評)度地出于王制司空之職曰司空執度度地居民山川沮澤時四時此都邑之大制也而篇中騐重于水害害土者惟水害民者亦惟水也

題○此篇制法周密非管子不能作

禹治水地平天成平土可居信爲度地之要害哉周之澤衡漢之行河以此爲官守重之矣演水議具在篇中不贅要其文質實簡要有經理有治法有區畫有時節是地利國憲一種要言碩論非區區浮議漫詞者比可補冬官奉爲水經

昔者桓公問管仲曰富國人請問度地形而爲國者其何如而可管仲對曰夷吾之所聞能爲霸王者蓋天子聖人也故聖人之處國者必於不傾之地

言其處深厚岡原複壯者謂之不傾而擇地形之肥饒者。鄉山左右經水若澤。其國都或在山左或向山右及緣水澤然後建內為落渠之寫因大川而注焉。謂於都內更為落水之渠以注於大川演形家之法也周公用之卜洛管氏用之建國地理都邑第一宅葬第二相地未有外山水者平原以高下屈絡視取之兵志右山陵左水澤地道尚右山水西來故天下都城大約皆如兵勢兵以此為生度地居民生之而矣韓厥曰土薄水淺其惡易覯民愁墊隘所以落渠之寫因大川而注乃以其天材地之所生。利養其人以育六畜。（天材謂五穀之屬因天時而植者也）天下之人。皆歸其德而惠其義。（惠順）乃別制斷之。（乃分別其地制而斷之）州者謂之術。（地數充為州者謂之術）不滿術者謂之里。（不成術而餘者謂之里）故百家為里。里十為術。術十為州。州十為都。都十為霸國。不如霸國者國也。（不成於霸國者諸侯之國也）以奉天子。（霸國率諸侯以奉天子也）天子有萬諸侯也。其中有公侯伯子男焉。天子中而處。此謂因天之固。（所處之地自然不傾故曰因之）歸地之利。內為之城。城外為之郭。郭外為之土閬。（閬謂隍）地高則溝之。下則隄之。命之曰金城。樹以荊棘。上相穡著者所以為固也。穡，鈎也，謂荊棘刺條相鈎連也。歲修增而毋已。時修增而毋已。福及孫子。此謂人命萬世無窮之利。人君之葆守也。謹置國都，繕脩城郭，此人君所保全而守。臣服之以盡忠於君。君體有之以臨天下。故能為天下之民先也。此宰之任。則臣之義也。宰謂執君之政者也。故善為國者。必先除其五害。人乃終身無患害而孝慈焉。桓公曰。願聞五害之說。管仲對曰。水。一害也。旱。一害也。風霧雹霜。一害也。厲。一害也。蟲。一害也。厲，疾病也。此謂五害。五害之屬。水最為大。五害已除。人乃可治。桓公曰。願聞水害。管仲對曰。水有大小。又有遠近。水之出於山而流入於海者。命曰經水。言為衆水之經水別於他水。謂從他水分流若江別為沱入於大水及海者。命曰枝水。言為之枝山之溝。一有水。一毋水者。命曰谷水。水之出於他水溝。流於大水及海者。命曰川水。出地而不流者。命曰淵水。此五水者。因其利而往之可也。謂因地之勢疏引以阬淮因而扼之可也。扼塞也。恐其泛溢而塞之亦可也而不久常有危殆矣。謂卒有暴溢或能漂沒居人故危殆也桓公曰。水可扼而使東西南北及高乎管仲對曰可夫水之性以高走下則疾至於瀏石（謂能漂浮於石）而下向高即留而不行故高其上領瓴之尺有十分之三里滿四十九者水可走也（上謂水從來處高之者欲注下取勢也瓴謂瓴甋也言欲令水上高必大為瓴甋私空其中使前後相受以尺為分每領而有十尺即長一丈也分之於三里間之每里滿此九如此則水可走上矣）

（通）建瓴地勢以高走下之喻禹之治水水之道也水善下而不爭走上則爭矣凡田之為溝洫以通水也唯其治田之利曰坊曰庸為時封灑行留而用之然而祭者曰土反其宅水歸其壑安有置瓴

龍而走上之則鮌與圭之禍鑿乎為除害而速延之乎迂道勢行政以引高漸下也乃迂其道而遠之。以勢行之。行曲也謂下曲水道遠張其勢而以行水水之性行至曲必留退滿則後推前謂水至處又留而卻退其處既滿則後水推前水令去地下則平行地高即控控謂頓也言水頓挫而卻也杜曲則擣毀杜猶衝也擣觸也言水行至曲則衝而擣有所毀傷杜曲激則躍躍則倚倚排也謂前後相排也倚則環環則中前後相排則圓流生空若環之中所謂竅中則涵間流無所通則相涵激也涵則塞塞則移移則控塞亦控也控則水妄行水妄行則傷人傷人則困困則輕法輕法則難治，難治則不孝，不孝則不臣矣。（通）輕法不孝天災歲荒盜賊多父子不相顧也故五害之屬，傷殺之類，禍福同矣。知備此五者，人君天地矣。所謂與天地合其德桓公曰：請問備五害之道。管子對曰：請除五害之說，以水為始。請為置水官，令習水者為吏大夫，大夫佐各一人，率部校長官佐各財足。財謂其祿廩乃取水左右各一人，使為都匠水工。為水工之都匠令之行水道、城郭、隄川、溝池、官府、寺舍及州中當繕治者，給卒財足。卒謂所當治水者財其粮用也令曰：常以秋歲末之時閱其民。（閱謂省視）案家人。比地定什伍口數。（案人比地有十口五口之數當受地若干）別男女大小。其不為用者輒免之。（謂其幼小不在役者則免之）有錮病不可作者疾之。（著其名於疾者之數有以賙恤之也）可省作者半事之。（謂疾者雖不任役可以省視作者取其半功）幷行以定甲士當被兵之數。上其都。（因力役之際幷行視之强壯者預定之以為甲士而被兵之數既而上其名籍於國都也）都以臨下。視有餘不足之處。輒下水官。水官亦以甲士當被兵之數。（都既臨下視其兵不足之處即甲士下之於水官水官既得甲士還以備兵數也）與三老里有司伍長行里因父母案行閱具備水之器謂水官與三老五長等行視其里因其家之父母與之閱其備水之器以冬無事之時。籠臿板築各什六。謂什人共財六具下準此土車什一。雨輂什二。車輂所以禦雨故曰雨輂食器兩具。每人兩具人有之。錮藏里中以給喪器。謂人既有貯器當錮藏於里中兼得給凶喪之用後常令水官吏與都匠。因三老里有司伍長案行之。常以朔日始出具閱之。取完堅。補弊久。去苦惡。其器既補弊而久有苦惡者除去之常以冬少事之時。令甲士以更次益薪積之水旁。州大夫將之。唯毋後時。謂將領之無得後時其積薪也。以事之已。已畢也農事既畢然後益薪其作土也。以事未起。

謂春事未起天地和調。日有長久。以此觀之。其利百倍故常以毋事具器。有事用之。水常可制而使毋敗此謂素有備而豫具者也【演】齊海國也夾九河之下流河之患水之利害獨後世乎其當時水傷之諸侯國自為救一弃郡縣而患乃專移之天子耳葵丘命毋曲防白圭治隣為壑時所汲汲可知矣水之道大則行之小則防之行用疏防用隄隄固所以行之也管子度地中詳列水官之事後世都水行河之法具矣云何設吏云何閱民云何備器薪云何事時云何作隄云何樹守云何案行云何衣据云何取土中外濁水入不敗濁水黃河也治之詳如此漢之瓠子金隄豈其創法哉蓋考于此矣上水用蕖中水用隄下水用濬歲濬其淤增其隄水可平行無决安蕖焉背其法而動主開鑿而河菀廢者今幾矣空水衡之錢而勤沿河之作何爲哉故漢前來無水患衆國交治之漢後天子獨治之衆治其備豫其脩早獨治其守弛其脩遲弛而遲故害大而不可救也桓公曰當何時作之。

管子曰。春三月。天地乾燥。水糾列之時也。山川涸落。天氣下。地氣上。萬物交通。故事已。新事未起。草木荑生可食。寒暑調。日夜分。分之後。夜日益短。晝日益長。利以作土功之事。土乃益剛。令甲士作隄大水之旁。大其下。小其上。隨水而行。地有不生草者。必為之囊。大者為之隄。小者為之防。夾水四道。禾稼不傷。歲埤增之。樹以荆棘。以固其地。襍之以柏楊。以備決水。民得其饒。是謂流膏。令下貧守之。往往而為界。可以毋敗。當夏三月。天地氣壯。大暑至萬物榮華。利以疾耨殺草薉。使令不欲擾。命曰不長。不利作土功之事。放農馬。利皆耗十分之五。土功不成。當秋三月。山川百泉踊。降雨下。山水出。海路距。雨露屬。天地湊汐。利以疾作。收斂毋留。一曰把。百日餔。（評）一日把百日餔可作田家諺民毋男女皆行於野。不利作土功之事。濡濕日生。土弱難成。利耗什分之六。土工之事亦不立。當冬三月。天地閉藏。暑雨止。大寒起。萬物實熟。利以填塞空郄。繕邊城。塗郭術。平度量。正權衡。虛牢獄。實廥倉

君修樂與神明相望。凡一年之事畢，參舉有功賞
賢。罰有罪，遷有司之吏而第之。不利作土功之事，
利耗什分之七。土剛不立，晝日益短而夜日益長，
利以作室。不利以作堂。四時以得，四害皆服。桓公
曰。寡人悖，不知四害之服奈何。管仲對曰。冬作土
功，發地藏。則夏多暴雨。秋霖不止。春不收枯骨朽
脊。伐枯木而去之。則夏旱至矣。夏有大露原煙，噎
下。百草人采食之傷人。人多疾病而不止。民乃恐。
殆。君令五官之吏與三老里有司伍長行里順之。

令之家起火為溫其田及宮中皆蓋井毋令毒下
及食器將飲傷人有下蟲傷禾稼凡天菑害之下
也君子謹避之故不八九死也（演）天菑害之下也
君子謹避之故不八九死也故曰先天弗違後天
而奉令有養生為道之人貿貿倀倀而不知何有
愚庸哉故聖人裁成輔相以左右民左右民者左
右天地者也大寒大暑大風大雨其至不時者此
謂四刑或遇以死或遇以生君子避之是亦傷人
故吏者所以教順也三老里有司伍長者所以為

率也五者已具民無願者願其畢也故常以冬日
順三老里有司伍長以冬賞罰使各應其賞而服
其罰五者不可害則君之法犯矣此示民而易見
故民不比也
桓公曰凡一年之中十二月作土功有時則為之
非其時而敗將何以待之管仲對曰常令水官之
吏冬時行隄防可治者章而上之都都以春少事
作之已作之後常案行隄有毀作大雨各葆其所
可治者趣治以徒隸給大雨隄防可衣者衣之衝

水可据者据之，終歲以毋敗為固。此謂備之常時，禍何從來。【評】行河使者當書此座右，何必玄夷白馬。所以然者，獨水蒙壤自塞而行者，江河之謂也。歲高其隄，所以不沒也。春冬取土於中，秋夏取土於外。濁水入之，不能為敗。桓公曰：善。仲父之語寡人畢矣。然則寡人何事乎哉？亟為寡人教側臣。

管子權第十八卷終

管子榷卷第十九

唐司空房　玄齡　註

明道民朱　長春　榷

地員第五十八地員者土地高下水泉深淺各有其位

襍篇九

（演）不攬天官不知天之變也不讀地員山經不

知地之變也不知其變不知其大山經簡而穆志恠於夷上古之文也地員博而奇衍夷為恠中古之文也雖然其非管氏書耶管子東表之人也仕不歷數國位不徧九服車不通于五方四瀆譯不至於九重八荒以手實七尺而二十施五山十一草九州三土九十物臚列而標命之晰如也淂乎通天地人曰儒三代之上春秋之間必有廣輿辨土定方之家自有一種物宜地利之書以教民樹藝而安居其餘耶秦不火

者樹種之書後世最淺近有田家五行與小正
益行而圖經本草穀木花果譜各亦有別傳則
古之地職來久矣神禹聖童八年四載以奠九
州其志于貢者經于山海者外傳于其經傳所
不盡或又從而收志之則地員又山經之支既
也乎哉非此一神一聖隨刋濬封涉歷胼胝從
其施尺以載所見分所負後世更誰有是迹徧
天下者又安條其土泉草物纚纚而眉列之則
夢與其傳說寃言與先王之制司空執度度地

居民山川沮澤時四時其大略亦未有如此詳者周禮冬官鈌此地員諸篇凡言水土可為外

補

評 禹貢職方質而古貨殖地理文而奇皆九州之内正志也其外則山海地員山海以外荒神怪此以與内襍物文章妙品古言地止此其後則水經註

夫管仲之匡天下也其施七尺施者大尺之名也其長七尺瀆田悉徙瀆田謂穿溝瀆而溉田悉徙謂其地每年皆更易也五種無不宜

趙○按蚖恐作杬出豫章煎汁藏果及卵不壞莕恐作榆杜木名

趙○言居是土之民其語音合於角聲

其立后而手實謂立君以主之手常握此地之實數也通瀆田以下屬五施赤壚以下屬四施黃唐以下屬三施斥埴以下屬再施黑埴以下屬一施五土唯五施最為土厚水深吉土之氣王宜立國都建君而手其實謂土之所入也其木宜蚖莕與杜松蚖莕二木名也其草宜楚棘見是土也命之曰五施五七三十五尺而至於泉謂其地深五施每施七尺故五七三十五而至於泉也呼音中角謂此地號呼之聲其音中角其水倉其民彊赤壚歷彊肥歷踈也彊堅也五種無不宜其麻白其布黃其草宜白茅與雚其

木宜赤棠。見是土也，命之曰四施。四七二十八尺而至於泉，呼音中商。其水白而甘，其民壽。黃唐，無宜也，唐虛脆也。唯宜黍秫也。宜縣澤，常宜縣注而澤。行廧音牆落，土既壚脆，不堪版築，故為行廧及籬落也。地潤數毀，難以立邑置廧。其地遇潤則數頹毀，故不可立邑置廧也。其草宜黍秫與茅，其木宜櫄擾桑。櫄木名。擾柔，又曰柔桑也。見是土也，命之曰三施。三七二十一尺而至於泉，呼音中宮。其泉黃而糗，流徙。謂水糗糒之氣，其泉居地中而流，故曰流徙也。斥埴，宜大菽與麥。其草宜萯雚，其木宜杞。杞木名也。見是土也，命之曰再施。二七十四

趙曰按此言呼以聽土地之音非謂徵音者然

尺而至於泉呼音中羽其泉鹹水流徙黑埴宜稻麥其草宜萍蓨萍蓨草名其木宜白棠見是土也命之曰一施七尺而至於泉呼音中徵其水黑而苦

凡聽徵如負猪豕覺而駭凡聽羽如鳴馬在野凡聽宮如牛鳴窌中凡聽商如離羣羊凡聽角如雉登木以鳴音疾以清凡將起五音凡首凡首謂音之總先也先主一而三之四開以合九九一而三之即四也以是四開合於五音九也又九九之為八十一也以是生黃鍾小素之首以成宮素本宮八十一數生黃鍾之宮而為五音之本三分而益之以一為百有八

為徵。（黃鍾之數本八十一益以三分之一二十七通前為百有八是為徵之數）不無有三分而去其乘適足。以是生商。（不無有即有也乘亦三分之一也三分百八而去一餘七十二是商之數也）有三分而復於其所。以是成羽。（三分七十二而益其一分二十四合為九十六是羽之數）有三分去其乘適足。以是成角。（三分九十六去其一分餘六十四是角之數）〔許〕下自六施至二十而首自五施反至一施土之善唯五潟氣不及已淺過已深然五土合五音民之常居也故同命土無別名墳延以下則有名矣以土合音以音候土以人音合樂音故五施之後先敘叶五聽歸本五音然後順次十五變則略矣攬者以陸離錯襍曰文奇不知奇故無奇理合仝仝墳延者六施六七四十二尺而至於泉（墳延地名下皆此類）陜之芳七施七七四十九尺而至於泉祀陜八施七八五十六尺而至於泉柱陵九施七九六十三尺而至於泉延陵十施七十尺而至於泉環陵十一施七十七尺而至於泉蔓山十二施八十四尺而至於泉付山十三施九十一尺而至於泉付山白僕十四施九十八尺而至於泉中陵十五施百五尺而至

於泉。青山十六施，百一十二尺而至於泉。青龍之所居，庚泥。(通)庚金剛庚泥泥剛也不可得泉。庚續其處既有青龍居又沙泥相續故不可得泉也

赤壤勢山十七施，百一十九尺而至於泉，其下清商，不可得泉。青商神性之名

䧟山白壤十八施，百二十六尺而至於泉，其下駢石，不可得泉。言有石駢密故不可得泉

徙山十九施，百三十三尺而至於泉，其下有灰壤，不可得泉。高陵土山二十施，百四十尺而至於泉。山之上命之曰縣泉。(演)自墳自陵至山十四加不得泉已四矣又一加十四丈而

高陵上山反不言無泉何也地經曰山之吉者地泉鍾於下靈光發於頂故高山之首多生雲烟降雨澤蓋地為坤山為艮一剛一柔一高一下其培塿陵丘迤迤帶者在坤艮之閒非氣所鍾也山上出泉地經曰天池注注鍾靈為吉土今名山至高多有之其旁其側則其脉氣所落而結也故天眼石井珠簾瀑布玉乳玉潭龍湫虎跑蛟飛杖錫或天生或人力或神通其泉多名飲之益人冬夏常注大旱不竭上頂氣仰而升故得泉淺傍氣在中

側氣在下五泉者山經三穴之法也凡土與山得水為上相者眠就乾濕視此為進退地之氣在焉氣合理曰地理其地不乾其草如茅與走（如茅走皆草名）其木乃樠（樠木名）鑿之二尺乃至於泉山之上命曰復呂其草魚腸與蕕其木乃柳鑿之三尺而至於泉山之上命之曰泉英其草蘄白昌其木乃楊鑿之五尺而至於泉山之材（材猶旁也）其草葝與薔（薔音嗇草名）其木乃格鑿之二七十四尺而至於泉山之側其草蔔與蔞其木乃品榆鑿之三七二十一尺而至

莛。萑音追，充蔚草也，一作蓷

於泉。凡草土之道，各有穀造。謂此地生其草，宜其穀造成也。或高或下，各有草土。葉下於攀，葉亦草名，唯生葉無莖，在攀之下。攀即鬱也。注周所謂鬱西也。攀下於莧，莧下於蒲，蒲下於葦，葦下於雚，雚下於蔞，蔞下於荓，荓下於蕭，蕭下於薜，薜下於萑，萑下於茅。凡彼草物，有十二衰，衰謂草上下各相重次也。各有所歸。謂短者生於高者之下。九州之土為九十物，每州有常，而物有次。羣土之長，是唯五粟。五粟之物，或赤或青或白或黑或黃，五粟五章。五粟之狀，淖而不肕，剛而不觳，觳，薄。不濘車輪，濘，泥。不汚手足。其種大重細重白華白秀無不宜也。五粟之土若在陵在山在隫在衍其陰其陽盡宜桐柞莫不秀長其榆其柳其檿其桑其柘其櫟其槐其楊羣木蕃滋數大條直以長。其澤則多魚。牧則宜牛羊。其地其樊俱宜竹箭藻龜楢檀五臭生之薜荔白芷麋蕪椒連五臭所校校謂馨烈之氣寡疾難老士女皆好其民工巧其泉黃白其人夷姤夷平也姤好也言均善也五粟之土乾而不格格謂堅禦也湛而不澤無高下葆澤以處言常潤也是謂粟土。粟土之次曰五沃。五沃之物或赤或青或

趙○扶音無
榑音春木似
栲

黃或白或黑。五、沃五、物、各有異則。五沃之狀。剽忞橐土、蟲易全處。剽堅也忞密也橐土謂其土多竅穴若橐多竅故蟲處之易全忞剽不白、下乃以澤。既堅密故常潤濕而不乾白此乃藻澤之地也其種大苗細苗、𧖴音形莖黑秀箭長。𧖴即赤也箭長謂若竹箭之長五沃之土、若在丘在山在陵在岡、若在陬陵之陽、其左其右宜彼羣木、桐柞扶櫄及彼白梓、其梅其杏、其桃其李其秀生莖起。其棘其棠其槐其楊。其榆其桑其杞其枋羣木數大。條直以長、其陰則生之楂藜其陽則安樹之五麻。若高若下。不擇墝所其麻大趙：按類作纇，無節也。言大麻疏美無纇，小麻條理易治，故如練絲也。各一本作名。

者如箭如葦，大長以美。其細者如雚如蒸。欲有與各，大者不類。欲有施與，則麻之大而類也。以小者則治揣而藏之。若衆練絲。言細麻既治揣而藏，故若練絲。五臭疇生。疇，隴也。謂為隴而種也。蓮與蘪蕪、藁本、白芷。其澤則多魚，牧則宜牛羊。其泉白青，其人堅勁，寡有疥騷，終無痟酲。痟，首疾也。酲，酒病也。五沃之土，乾而不斥，斥潟鹵。湛而不澤，無高下，葆澤以處。是謂沃土。沃土之次曰五位。五位之物，五色雜英，各有異章。五位之狀，不塥不灰，塥謂堅不相著。青怷以菭，音苔。及。謂色青而細密，和落以相及也。其種，大葦無，細葦無，赨埶白秀。五位之土。若在岡在陵在隫在衍在丘在山。皆宜竹箭求黽（求黽亦竹類也）楢檀。其山之淺有蘢與斥。（蘢斥並古草名）羣木安遂。條長數大。（安和易遂競長數謂速長）其桑其松。其杞其茸。（茸木名）種木胥容榆桃柳楝。（楝音煉）羣藥安生薑與桔梗。小辛大蒙。（大蒙藥名）其山之梟。（梟猶顛也）多桔符榆。其山之末有箭與苑。其山之旁有彼黃𦵘及彼白昌山藜葦芒羣藥安聚。以圍民殃。其林其漉其槐其楝。其柞其穀。羣木安遂。鳥獸安施。（施謂有以為生）既有麋麃。又且多鹿。其泉青黑。其人輕直。省事少食。（言其性廉省事少食）無高下葆澤以處，是謂位土。位土之次曰五蘟。五蘟之狀，黑土黑落（落地衣也），青怵以肥，芬然若灰（芬然壤起貌）。其種櫑葛，赨莖黃秀恚目（恚目謂穀實怒開也）。其葉若苑（苑謂蘊結）。以蓄殖果木，不若三土（三土謂五粟、五沃、五位）以十分之二（言於三土十分已不如其二分，餘放此）。是謂蘟土。蘟土之次曰五壤。五壤之狀，芬然若澤若屯土（言其土得澤則墳起為堆，故曰屯土也）。其種大水腸、細水腸，赨莖黃秀以慈忍（忍耐），水旱無不宜也。蓄殖果木，不若三土以十分之二。是謂壤土。壤土之次曰五浮。五浮之狀捍然如米（捍堅貌其土骨碎如米）以葆澤不離不坼其種忍蔭（忍蔭草名）忍葉如藋葉以長狐茸（草之狀若狐也）黃莖黑莖黑秀其粟大無不宜也蓄殖果木不如三土以十分之二九上土十物種十二物中土曰五怷五怷之狀廩焉如壏（壏猶殭也）通下有糠以肥此壏與濫同潤濕以處其種大稷細稷赨莖黃秀慈忍水旱細粟如麻（其繁美若麻也）蓄殖果木不若三土以十分之三怷上之次曰五纑（纑音盧）五纑之狀彊力剛堅其種大邯鄲細邯鄲（草名）莖葉如扶欞（扶欞亦草名）其粟大

（言其粒大）蓄殖果木。不若三土以十分之三。纑土之次曰五。壏。五壏之狀。芬焉若糠。以肥。（謂其地色黄而虚）其種大荔細荔。青莖黄秀。蓄殖果木。不若三土以十分之三。壏土之次曰五。剽。五剽之狀。華然如芬以脈。（謂其地色青紫若脈然也）其種大秬細秬。（秬黑黍）黑莖青秀。蓄殖果木。不若三土以十分之四。剽土之次曰五。沙。五沙之狀。粟焉如屑塵厲。（言其地粟碎故若屑塵之厲厲踊起也）其種大萯細萯。（萯草名）白莖青秀以蔓。蓄殖果木。不如三土以十分之四。沙土之次曰五。塥。五塥之狀。累然如僕累。（僕附也言其地附著而重累也）不忍水旱。其種大樛杞。細樛杞。（木名）黑莖黑秀蓄殖果木。不如三土以十分之四。凡中土三十物。種二十物。下土曰五猶。五猶之狀。如糞。其種大華細華。（草名）白莖黑秀。蓄殖果木。不如三土以十分之五。猶土之次曰五壯。五壯之狀如鼠肝。其種青粱。黑莖黑秀蓄殖果木。不如三土以十分之五。壯土之次曰五殖。五殖之狀甚澤以疏。離坼以臞塉。其種鴈膳（草名）黑實朱跗黃實（跗花足也）蓄殖果木。不如三土以十分之六。五殖之次曰五

觳。五觳之狀婁婁然。婁婁疏也不忍水旱。其種大𦬁細

𦬁。多白實。蓄殖果木。不如三土以十分之六。觳土

之次曰五鳧。五鳧之狀堅而不骼。雖堅不同骨之骼也其種

陵稻。陵稻謂陸生稻黑鵝馬夫。皆草名也蓄殖果木。不如三土

以十分之七。鳧土之次曰五桀。五桀之狀甚鹹以

苦。其物爲下。其種白稻長狹。謂稻之形長而狹也蓄殖果木。

不如三土以十分之七。凡下土三十物。其種十二

物。凡土物九十。其種三十六。

弟子職第五十九

襍篇十

（評）弟子職是古左塾師學規以養蒙求諧徽韻格相叶便于童兒課讀不知何代何師所著其辭文近二禮中祝銘之體意成周設鄉學須定教儀管子書中存之以教五鄉之士之子耳少儀小學襍述禮節而此專屬書堂教條于游示灑掃應對進退此是略具格式矣

先生施教弟子是則溫恭自虛必虛其心然後有所容也所受是極極謂盡其本原見善從之聞義則服溫柔孝悌毋驕

恃力。驕而恃力則舐羊觸藩志毋虛邪。虛謂虛偽行必正直。游居有常。必就有德。顏色整齊。中心必式。式法夙興夜寐。衣帶必飾。朝益暮習。小心翼翼。一此不解。是謂學則。通極止至善也古大小學一於極唯盡受極

少者之事。夜寐蚤作。既拚盥漱。掃席前曰拚盥潄手漱滌口執事有恪。攝衣共盥。謂供先生之盥器也先生乃作。沃盥徹盥。謂既盥而徹盥器也汎拚正席。汎拚謂汎水而拚之先生乃坐。出入恭敬。如見賓客。危坐鄉師。顏色毋怍。怍謂變其容貌受業之紀。必由長始。先從長者教也一周則然。其餘則否。謂始教一周則

從長始一周之外則不然始誦必作其次則已。始誦而作以徽事端也至於次誦則不然

凡言與行思中以為紀。思合中和以為綱紀古之將興者必由此始。又先中和然後可興後至就席。狹坐則起。狹坐之人見後至者則當趍若有賓客弟子駿作。迅趍也對客無讓應且遂行。趍進受命。受先生命所求雖不在。必以反命。求雖不得必當反白反坐復業。若有所疑。捧手問之。師出皆起。至於食時。先生將食。弟子饌饋。饌饋謂選具其食攝衽盥漱。跪坐而饋。置醬錯食。陳膳毋悖。凡置彼食。鳥獸魚鱉。必

先菜羹。先菜後肉食之次也 羹胾中別。胾謂肉而細切 胾在醬前。遠胾近醬食之便也 其設要方。其陳設食器要令成方也 飯是爲卒。既飯而食則卒也 左酒右醬。左酒右醬陰陽也 告具而退捧手而立。三飯二斗。三飯食又二斝斗也 左執虛豆右執挾匕。匕者所以載鼎實故曰挾匕也 周還而貳。貳謂再益 唯嗛之視。食盡曰嗛 同嗛以齒。齒類也謂食者則以其所盡之類而進 ㊣通 記長者舉未釂少者不敢飲又君未覆手不敢飧此同嗛以齒之禮也 周則有始柄尺不跪。是謂貳紀。豆有柄長尺則立而進之此是再益之綱紀也 先生已食弟子乃徹趨走進漱拚前斂祭。既食畢掃席前并搜斂所祭也先生有命弟子乃食。以齒相要。坐必盡席。所謂食坐盡前飯必捧擥。羹不以手。當以挾也亦有據膝。毋有隱肘。隱肘則大伏也既食乃飽。循咡覆手。咡口也覆手而循之所以拭其不潔也振衽掃席。謂振其衽以拂席之污已食者作。摳衣而降。旋而鄉席。各徹其餽。如於賓客。賓客食畢亦自徹也既徹并器。乃還而立。并謂并去也凡拚之道。實水于盤。次用泛灑攘臂袂及肘。恐濕其袂且不便於事也堂上則播灑。室中握手。堂上寬故播散而灑室中隘故握手為掬以灑執箕膺擖。厥中有帚。擖舌也既灑水將掃之故執箕以舌自當置帚於箕中也入戶而立。其儀不忒。執帚下箕。倚

燭以古者束薪蒸以爲燭故爲之總表細薪也猶實其束總其條閒可容一指以通火氣又炷已燼者

于戶側。謂倚箕於戶側也凡拚之紀，必由奧始。西南隅也俯仰
罄折，拚毋有徹。徹動也不得觸動他物也拚前而退。謂從前掃而却退也
聚於戶內。謂聚其所掃之穢壤於戶內也坐板排之，板，穢時以手排之也以
葉適已。適已猶向已也實帚于箕，先生若作，乃興而辭。以拚
末畢故辭之令止也坐執而立。坐執謂獨坐執箕也 ⊙通 坐古作跽遂出
弃之。既拚反立，是協是稽。協合也稽考也謂合考善義也暮食復
禮。謂後朝之禮也昏將舉火，執燭隅坐。錯總之法，橫于坐
所。總設燭之束也櫛之遠近，乃承厥火。櫛謂燭盡察其將盡之遠近乃更以
燭承取火也居句如矩。句謂著燭處言居燭於句如前燭之法矩法也蒸閒容

蒸然者處下。蒸細薪者蒸之間必令容蒸然燭者必處下以焚也捧椀以為緒。緒然燭燼也椀所以貯緒也右手執燭。左手正櫛。有墮代燭燒燭者有墮即令其次代之也交坐毋倍尊者。乃取厭櫛。遂出是去。先生將息。弟子皆起。敬奉枕席。問所何趾。俶衽則請。有常則否。俶始也纔其衽席則當問其所趾若有常處則不請也先生既息。各就其友。相切相磋。各長其儀。周則復始。是謂弟子之紀。

言昭第六十七亡　　襍篇十一

修身第六十八亡　　襍篇十二

問霸第六十二亡　襍篇十三

牧民解第六十三亡　管子解一

管子榷卷二十

唐司空房　玄齡　註

明道民朱　長春　榷

形勢解第六十四

形勢解第六十四

管子解二

（評）諸解與宙合不同宙合言精自經自傳一綱一目所自申其說也諸解長條大葉體不相合義又粗疏明是周秦漢之間法家為管子者演

其說而解之拘俗淺漫無所發明亦無証解時或牴牾不如韓之解老遠矣體勢頗與諸僞篇相類意當時學者宗而解之又以已意附之或有別行未必纂衍秦火之後人見形索影舊為一帙遂至亂本耶七法等文理甚顯又下註脚其人之猥无識可概矣但解義自三代以来首為創體與後世就文通詁註疏不同則天地間傳注一家古式宗門耶後来唯郭象註莊借文立論自相自發雖本宗時謬自成一說其原出

于此他皆經生家門戶耳

山者物之高者也惠者主之高行也慈者父母之高行也忠者臣之高行也孝者子婦之高行也故山高而不崩則祈羊至主惠而不解則民奉養父母慈而不解則子婦順臣下忠而不解則爵祿至子婦孝而不解則美名附故節高而不解則所欲得矣解則不得故曰山高而不崩則祈羊至矣

淵者衆物之所生也能深而不涸則沈玉至主者人之所仰而生也能寬裕純厚而不苛忮則民人

附父母者子婦之所受教也能慈仁教訓而不失理則子婦孝臣下者主之所用也能盡力事上則當於主子婦者親之所以安也能孝弟順親則當於親故淵涸而無水則沈玉不至主苛而無厚則萬民不附父母暴而無恩則子婦不親臣下隨而不忠則卑辱困窮子婦不安親則禍憂至故淵不涸則所欲者至涸則不至故曰淵深而不涸則沈玉極

天覆萬物制寒暑行日月次星辰天之常也治之

以理終而復始。主牧萬民。治天下。莅百官。主之常也。治之以法。終而復始。和子孫。屬親戚。父母之常也。治之以義。終而復始。敦敬忠信。臣下之常也。以事其主。終而復始。愛親善養。思敬奉教。子婦之常也。以事其親。終而復始。故天不失其常。則寒暑得其時。日月星辰得其序。主不失其常。則羣臣得其義。百官守其事。父母不失其常。則子孫和順。親戚相驩。臣下不失其常。則事無過失。而官職政治。子婦不失其常。則長幼理而親疏和。故用常者治。失常者亂。天未嘗變其所以治也。故曰天不變其常。地生養萬物地之則也。治安百姓主之則也。教護家事父母之則也。正諫死節臣下之則也。盡力共養子婦之則也。地不易其則。故萬物生焉。主不易其則。故百姓安焉。父母不易其則。故家事辦焉。臣下不易其則。故主無過失。子婦不易其則。故親養備具。故用則者安。不用則者危。地未嘗易其所以安也。故曰地不易其則。

春者陽氣始上。故萬物生。夏者。陽氣畢上。故萬物長。秋者陰氣始下。故萬物收。冬者陰氣畢下。故萬物藏。故春夏生長。秋冬收藏。四時之節也。賞賜刑罰。主之節也。四時未嘗不生殺也。主未嘗不賞罰也。故曰春秋冬夏不更其節也。

天覆萬物而制之。地載萬物而養之。四時生長萬物而收藏之。古以至今。不更其道。故曰古今一也。

蛟龍。水蟲之神者也。乘於水則神立。失於水則神廢。人主。天下之有威者也。得民則威立。失民則威廢。蛟龍得水而後立其神。人主待得民而後成其威。故曰蛟龍得水而神可立也。

虎豹獸之猛者也。居深林廣澤之中。則人畏其威而載之。人主。天下之有勢者也。深居則人畏其勢故虎豹去其幽而近於人。則人得之而易其威。人主去其門而迫於民。則民輕之而傲其勢。故曰虎豹託幽而威可載也。

風漂物者也。風之所漂。不避貴賤美惡。雨濡物者也。雨之所墮。不避小大強弱。風雨至公而無私。所行無常鄉。人雖遇漂濡而莫之怨也。故曰風雨無鄉而怨怒不及也。

人主之所以令則行。禁則止者。必令於民之所好而禁於民之所惡也。民之情。莫不欲生而惡死莫不欲利而惡害。故上令於生利人。則令行。禁於殺害人。則禁止。令之所以行者。必民樂其政也。而令乃行。故曰。貴有以行令也。

人主之所以使下盡力而親上者。必為天下致利除害也。故德澤加於天下。惠施厚於萬物。父子得以安。羣生得以育。故萬民驩盡其力而樂為上用。

入則務本疾作以實倉廩。出則盡節死敵以安社稷。雖勞苦卑辱而不敢告也。此賤人之所以亡其卑也。故曰賤有以亡卑。

起居時。飲食節。寒暑適。則身利而壽命益。起居不時。飲食不節。寒暑不適。則形體累而壽命損。人惰而侈則貧。力而儉則富。夫物莫虛至。必有以也。故曰壽夭貧富無徒歸也。法立而民樂之。令出而民銜之。法令之合於民心。如符節之相得也。則主尊顯。故曰銜令者君之尊也。

人主出言順於理。合於民情。則民受其辭。民受其辭。則名聲章。故曰受辭者名之運也。明主之治天下也。靜其民而不擾。佚其民而不勞。不擾則民自循。不勞則民自試。故曰上無事而民自試。

人主立其度量。陳其分職。明其法式以莅其民。而不以言先之。則民循正。所謂抱蜀者。祠器也。故曰抱蜀不言而廟堂既脩。

將將鴻鵠。貌之美者也。貌美故民歌之。德義者行之美者也。德義美。故民樂之。民之所歌樂者。美行

德義也。而明主鴻鵠有之。故曰鴻鵠將將。維民歌
之。
濟濟者誠莊事斷也。多士者多長者也。周文王誠
莊事斷故國治其羣臣明理以佐主。故主明。主明
而國治竟內被其利澤。殷民舉首而望文王願為
文王臣。故曰濟濟多士。殷民化之。
紂之為主也。勞民力。奪民財。危民死。冤暴之令加
於百姓。憯毒之使施於天下。故大臣不親小民疾
怨。天下叛之。而願為文王臣者。紂自取之也。故曰

紂之失也。

無儀法程式。蜚搖而無所定。謂之蜚蓬之問。蜚蓬之問。明主不聽也。無度之言。明主不許也。故曰。蜚蓬之問。不在所賓。

道行則君臣親。父子安。諸生育。故明主之務。務在行道。不顧小物。燕爵。物之小者也。故曰。燕爵之集。道行不顧。

明主之動靜得理義。號令順民心。誅殺當其罪。賞賜當其功。故雖不用犧牲珪璧禱於鬼神。鬼神助之天地與之舉事而有福亂主之動作失義理號令逆民心誅殺不當其罪賞賜不當其功故雖用犧牲珪璧禱於鬼神鬼神不助天地不與舉事而有禍故曰犧牲珪璧不足以享鬼

主之所以為功者富強也故國富兵強則諸侯服其政鄰敵畏其威雖不用寶幣事諸侯諸侯不敢犯也主之所以為罪者貧弱也故國貧兵弱戰則不勝守則不固雖出名器重寶以事鄰敵不免於死亡之患故曰主功有素寶幣奚為

羿。古之善射者也。調和其弓矢。而堅守之。其操弓也。審其高下。有必中之道。故能多發而多中。明主猶羿也。平和其法。審其廢置而堅守之。有必治之道。故能多舉而多當。道者羿之所以必中也。主之所以必治也。射者弓弦發矢也。故曰羿之道非射也。

造父。善馭馬者也。善視其馬。節其飲食。度量馬力。審其足走。故能取遠道而馬不罷。明主猶造父也。善治其民。度量其力。審其技能。故立功而民不困傷。故術者。造父之所以取遠道也。主之所以立功名也。馭者。操轡也。故曰。造父之術非馭也。

奚仲之為車器也。方圜曲直。皆中規矩鉤繩。故機旋相得。用之牢利。成器堅固。明主猶奚仲也。言辭動作。皆中術數。故衆理相當。上下相親。巧者。奚仲之所以為器也。主之所以為治也。斲削者。斤刀也。故曰。奚仲之巧。非斲削也。

民利之則來。害之則去。民之從利也。如水之走下於四方無擇也。故欲來民者。先起其利。雖不召而

民自至。設其所惡。雖召之而民不來也。故曰召遠者使無為焉

莅民如父母。則民親愛之。道之純厚遇之有實。雖不言曰吾親民而民親矣。莅民如仇讎。則民疏之道之不厚遇之無實。詐偽並起。雖言曰吾親民。民不親也。故曰親近者言無事焉。

明主之使遠者來而近者親也。為之在心。所謂夜行者。心行也。能心行德。則天下莫能與之爭矣。故曰唯夜行者獨有之乎。

為主而賊。為父母而暴。為臣下而不忠。為子婦而不孝。四者人之大失也。大失在身。雖有小善。不得為賢。所謂平原者。下澤也。雖有小封。不得為高。故曰平原之隰。奚有於高。

為主而惠。為父母而慈。為臣下而忠。為子婦而孝。四者。人之高行也。高行在身。雖有小過。不為不肖。所謂大山者。山之高者也。雖有小隈。不以為深。故曰大山之隈。奚有於深。

毀訾賢者之謂訾。推譽不肖之謂譽。訾譽之人得用。則人主之明蔽而毀譽之言起。任之大事。則事不成而禍患至。故曰訾讆之人。勿與任大。

明主之慮事也。為天下計者。謂之譕臣。譕臣則海內被其澤。澤布於天下。後世享其功。久遠而利愈多。故曰譕臣者可與遠舉。

聖人擇可言而後言。擇可行而後行。偷得利而後有害。偷得樂而後有憂者。聖人不為也。故聖人擇言必顧其累。擇行必顧其憂。故曰顧憂者可與致道。

小人者枉道而取容，適主意而偷說，備利而偷得。如此者，其得之雖速，禍患之至亦急，故聖人去而不用也。故曰：其計也速，而憂在近者，往而勿召也。

舉一而爲天下長利者，謂之舉長。舉長則被其利者衆，而德義之所見遠。故曰：舉長者可遠見也。

天之裁大，故能兼覆萬物；地之裁大，故能兼載萬物；人主之裁大，故容物多而衆人得比焉。故曰：裁大者，衆之所比也。

貴富尊顯，民歸樂之，人主莫不欲也。故欲民之懷樂已者。必服道德而勿厭也。而民懷樂之。故曰美人之懷定服而勿厭也。

聖人之求事也先論其理義計其可否。故義則求之。不義則止。可則求之。不可則止。故其所得事者常爲身寶。小人之求事也。不論其禮義。不計其可否。不義亦求之。不可亦求之。故其所得事者未嘗爲賴也。故曰必得之事。不足賴也。

聖人之諾已也。先論其理義計其可否。義則諾。不義則已。可則諾。不可則已。故其諾未嘗不信也。小人不義亦諾，不可亦諾，言而必諾，故其諾未必信也。故曰：必諾之言，不足信也。

謹於一家，則立於一家；謹於一鄉，則立於一鄉；謹於一國，則立於一國；謹於天下，則立於天下。是故其所謹者小，則其所立亦小；其所謹者大，則其所立亦大。故曰：小謹者不大立。

海不辭水，故能成其大；山不辭土石，故能成其高；明主不厭人，故能成其衆；士不厭學，故能成其聖。

饕（疾移切，嫌食貌）者，多所惡也。諫者，所以安主也。食者所以肥體也。主惡諫則不安人。餋食則不肥。故曰餋食者不肥體也。

言而語道德忠信孝弟者。此言無棄者。天公平而無私。故美惡莫不覆。地公平而無私。故小大莫不載。無棄之言。公平而無私。故賢不肖莫不用。故無棄之言者。參伍於天地之無私也。故曰有無棄之言者。必參之於天地矣。

明主之官物也。任其所長。不任其所短。故事無不成。而功無不立。亂主不知物之各有所長所短也。

而責必備夫慮事定物辯明禮義人之所長而蝚蝯上如由切下于元切之所短也緣高出險蝚蝯之所長而人之所短也以蝚蝯之所長責人故其令廢而責不塞故曰墜岸三仞人之所大難也而蝚蝯飲焉明主之舉事也任聖人之慮用衆人之力而不自與焉故事成而福生亂主自智也而不因聖人之慮矜奮自功而不因衆人之力專用己而不聽正諫故事敗而禍生故曰伐矜好專舉事之禍也馬者所乘以行野也故雖不行於野其養食馬也

未嘗解惰也。民者，所以守戰也。故雖不守戰，其治養民也，未嘗解惰也。故曰不行其野，不違其馬。

天生四時，地生萬財，以養萬物，而無取焉。明主配天地者也，教民以時，勸之以耕織，以厚民養，而不伐其功，不私其利。故曰能予而無取者，天地之配也。

解惰簡慢，以之事主則不忠，以之事父母則不孝，以之起事則不成。故曰怠倦者不及也。

以規矩為方圜則成，以尺寸量長短則得，以法數治民則安。故事不廣於理者。其成若神。故曰無廣者疑神。

事主而不盡力則有刑。事父母而不盡力則不親。受業問學而不加務則不成。故朝不勉力務進。夕無見功。故曰朝忘其事。夕失其功。

中情信誠。則名譽美矣。修行謹敬。則尊顯附矣。中無情實。則名聲惡矣。修行慢易。則汙辱生矣。故曰邪氣襲內。正色乃衰也。

為人君而不明君臣之義以正其臣。則臣不知於為臣之理以事其主矣。故曰君不君。則臣不臣。為人父而不明父子之義以教其子而整齊之。則子不知為人子之道以事其父矣。故曰父不父。子不子。

君臣親上下和。萬民輯。故主有令。則民行之。上有禁。則民不犯。君臣不親。上下不和。萬民不輯。故令則不行。禁則不止。故曰上下不和。令乃不行。

言辭信。動作莊。衣冠正。則臣下肅。言辭慢。動作虧衣冠惰。則臣下輕之。故曰衣冠不正。則賓者不肅儀者萬物之程式也。法度者萬民之儀表也。禮義者尊卑之儀表也。故動有儀則令行。無儀則令不行。故曰進退無儀則政令不行。

人主者。溫良寬厚。則民愛之。整齊嚴莊。則民畏之。故民愛之則親。畏之則用。夫民親而為用。主之所急也。故曰且懷且威。則君道備矣。

人主能安其民。則事其主如事其父母。故主有憂則憂之。有難則死之。主視民如土。則民不為用。主有憂則不憂。有難則不死。故曰莫樂之。則莫哀之莫生之。則莫死之。

民之所以守戰至死而不衰者。上之所以加施於民者厚也。故上施厚。則民之報上亦厚。上施薄則民之報上亦薄。故薄施而厚責。君不能得之於臣。父不能得之於子。故曰往者不至來者不極。

道者。扶持衆物使得生育。而各終其性命者也。故或以治鄉或以治國或以治天下。故曰道之所言者一也。而用之者異。聞道而以治一鄉。親其父子。順其兄弟。正其習俗。使民樂其上。安其土。為一鄉主幹者鄉之人也。故曰有聞道而好爲鄉者。一鄉之人也。

民之從有道也。如飢之先食也。如寒之先衣也。如暑之先陰也。故有道則民歸之。無道則民去之。故曰道往者其人莫來。道來者。其人莫往。

道者。所以變化身而之正理者也。故道在身則言自順。行自正。事君自忠。事父自孝。遇人自理。故曰道之所設。身之化也。

天之道。滿而不溢。盛而不衰。明主法象天道。故貴而不驕。富而不奢。行理而不惰。故能長守貴富。久有天下而不失也。故曰。持滿者與天。

明主救天下之禍。安天下之危者也。夫救禍安危者。必待萬民之為用也。而後能為之。故曰。安危者與人。

地大國富。民衆兵强。此盛滿之國也。雖已盛滿。無德厚以安之。無度數以治之。則國非其國。而民無其民也。故曰。失天之度。雖滿必涸。

臣不親其主。百姓不信其吏。上下離而不和。故雖自安。必且危之。故曰上下不和。雖安必危。

主有天道以禦其民。則民一心而奉其上。故能貴富而久王天下。失天之道。則民離叛而不聽從。故主危而不得久王天下。故曰欲王天下而失天之道。天下不可得而王也。

人主務學術數。務行正理。則化變日進。至於大功而愚人不知也。亂主淫佚邪枉。日爲無道。至於滅亡而不自知也。故曰莫知其爲之。其功既成。莫知其舍之也。藏之而無形。

古者三王五伯。皆人主之利天下者也。故身貴顯而子孫被其澤。桀紂幽厲。皆人主之害天下者也。故身困傷而子孫蒙其禍。故曰。疑今者察之古。不知來者視之往。

神農教耕生穀。以致民利。禹身決瀆。斬高橋下。以致民利。湯武征伐無道。誅殺暴亂。以致民利。故明王之動作雖異。其利民同也。故曰。萬事之任也。異起而同歸。古今一也。

棟生橈不勝任。則屋覆而人不怨者。其理然也。弱子。慈母之所愛也。不以其理動者。下瓦。則慈母笞之。故以其理動者。雖覆屋不爲怨。不以其理動者。下瓦必笞。故曰。生棟覆屋。怨怒不及。弱子下瓦。慈母操箠。

行天道出公理。則遠者自親。廢天道行私爲。則子母相怨。故曰。天道之極。遠者自親。人事之起。近親造怨。

古者武王地方不過百里。戰卒之衆。不過萬人。然能戰勝攻取。立爲天子。而世謂之聖王者。知爲之

之術也。桀紂貴為天子。富有海內。地方甚大戰卒
甚衆。而身死國亡。為天下僇者。不知為之之術也。
故能為之。則小可為大。賤可為貴。不能為之。則雖
為天子。人猶奪之也。故曰巧者有餘。而拙者不足
也。

明主上不逆天。下不曠地。故天予之時。地生之財。
亂主上逆天道。下絕地理。故天不予時。地不生財。
故曰其功順天者。天助之。其功逆天者天違之。
古者武王天之所助也。故雖地小而民少。猶之為

天子也。桀紂天之所違也。故雖地大民衆。猶之困辱而死亡也。故曰天之所違。雖小必大。天之所違雖大必削。

與人交。多詐僞。無情實。偷取一切。謂之烏集之交。烏集之交。初雖相驩。後必相咄。故曰烏集之交。雖善不親。

聖人之與人約結也。上觀其事君也。內觀其事親也。必有可知之理。然後約結。約結而不襲於理。後必相倍。故曰不重之結。雖固必解。道之用也。貴其重也。

明主與聖人謀。故其謀得。與之舉事故其事成。亂主與不肖者謀。故其計失。與之舉事。故其事敗。夫計失而事敗。此與不可之罪。故曰毋與不可。

明主度量人力之所能為。而後使焉。故令於人之所能為。則令行。使於人之所能為。則事成。亂主不量人力。令於人之所不能為。故其令廢。使於人之所不能為。故其事敗。夫令出而廢。舉事而敗。此强不能之罪也。故曰毋强不能。

狂惑之人。告之以君臣之義父子之理貴賤之分
不信聖人之言也。而反害傷之。故聖人不告也。故
曰毋告不知。
與不肖者舉事則事敗使於人之所不能爲則令
廢。告狂惑之人則身害。故曰與不可强不能。告不
知。謂之勞而無功。
常以言翹明其與人也其愛人也其有德於人也
以此爲友則不親。以此爲交則不結。以此有德於
人則不報。故曰見與之友。幾於不親見愛之交。幾

於不結見施之德。幾於不報。四方之所歸。心行者也。

明主不用其智而任聖人之智。不用其力而任衆人之力。故以聖人之智思慮者。無不知也。以衆人之力起事者。無不成也。能自去而因天下之智力起。則身逸而福多。亂主獨用其智而不任衆人之智。獨用其力而不任衆人之力。故其身勞而禍多。故曰獨任之國。勞而多禍。

明主內行其法度。外行其禮義。故鄰國親之。與國信之。有患則鄰國憂之。有難則鄰國救之。亂主內失其百姓。外不信於鄰國。故有患則莫之憂也。有難則莫之救也。外內皆失。孤特而無黨。故國弱而主辱。故曰獨國之君卑而不威。

明主之治天下也。必用聖人而後天下治。婦人之求夫家也。必用媒而後家事成。故治天下而不用聖人。則天下乖亂而民不親也。求夫家而不用媒則醜恥而人不信也。故曰自媒之女。醜而不信

明主者人未之見而有親心焉者。有使民親之之

道也。故其位安而民往之。故曰未之見而親焉。可以往矣。

堯舜古之明主也。天下推之而不倦。譽之而不厭。久遠而不忘者。有使民不忘之道也。故其位安而民來之。故曰久而不忘焉。可以來矣。

日月。昭察萬物者也。天多雲氣。蔽蓋者衆。則日月不明。人主猶日月也。羣臣多姦。立私以擁蔽主。則主不得昭察其臣下。臣下之情。不得上通。故姦邪日多。而人主愈蔽。故曰日月不明。天不易也。

山。物之高者也。地險穢不平易則山不得見。人主猶山也。左右多黨比周以壅其主。則主不得見。故曰山高而不見。地不易也。

人主出言不逆於民心。不悖於理義。其所言足以安天下者也。人唯恐其不復言也。出言而離父子之親。疏君臣之道。害天下之衆。此言之不可復者也。故明主不言也。故曰言而不可復者。君不言也。人主身行方正。使人有禮。遇人有理。行發於身而為天下法式者。人唯恐其不復行也。身行不正。使人暴虐遇人不信。行發於身而為天下笑者。此不可復之行。故明主不行也。故曰行而不可再者君不行也。

言之不可復者其言不信也。行之不可再者其行賊暴也。故言而不信則民不附。行而賊暴則天下怨。民不附天下怨。此滅亡之所從生也。故明主禁之。故曰凡言之不可復。行之不可再者有國者之大禁也。

管子榷第二十卷終

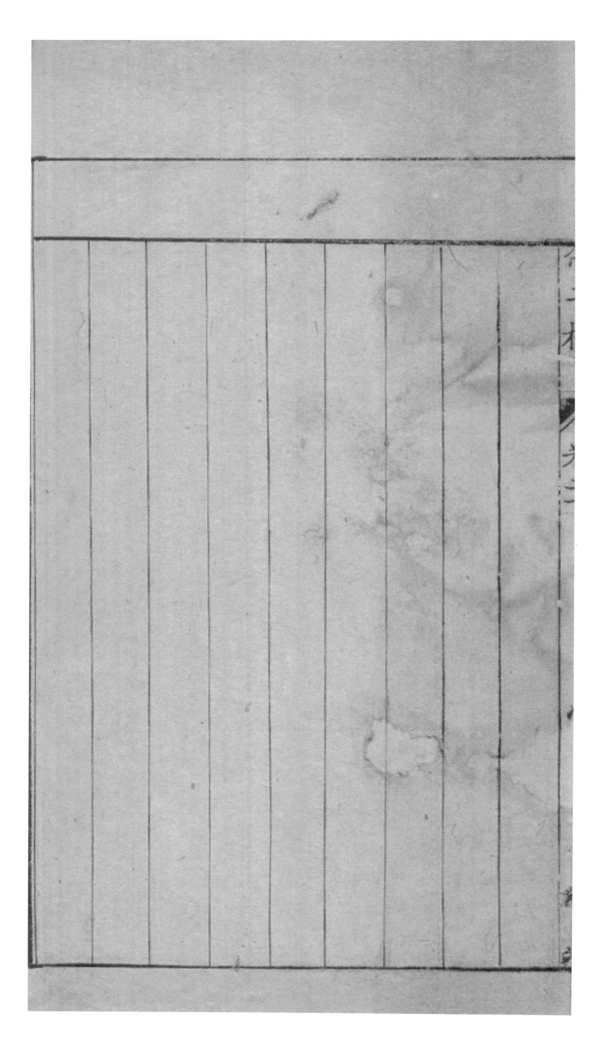

管子榷卷第二十一

唐司空房　玄齡　註

明道民朱　長春　榷

立政九敗解第六十五

管子解三

評　鄙人下士之拾餘也無足觀可芟　此等亦

何須下解

人君唯毋聽寢兵。則羣臣賓客莫敢言兵。然則內
之不知國之治亂。外之不知諸侯強弱。如是則城
郭毀壞莫之築補。甲弊兵彫莫之修繕。如是則守
圉之備毀矣遼遠之地謀邊竟之士修。百姓無圉
敵之心。故曰寢兵之説勝則險阻不守。
人君唯毋聽兼愛之説則視天下之民如其民。視
國如吾國。如是則無并兼攘奪之心。無覆軍敗將
之事然則射御勇力之士不厚祿。覆軍殺將之臣

不貴爵如是則射御勇力之士出在外矣我能毋攻人可也不能令人毋攻我彼求地而予之非吾所欲也不予而與戰必不勝也彼以教士我以敺衆彼以良將我以無能其敗必覆軍殺將故曰兼愛之說勝則士卒不戰

人君唯無好全生則羣臣皆全其生而生又養生養何也曰滋味也聲色也然後為養生然則從欲妄行男女無別反於禽獸然則禮義廉耻不立人君無以自守也故曰全生之說勝則廉耻不立

人君唯無聽私議自貴，則民退靜隱伏。窟穴就山。非世間上。輕爵祿而賤有司。然則令不行。禁不止。故曰。私議自貴之說勝。則上令不行。

人君唯無好金玉貨財。必欲得其所好。然則必有以易之。所以易之者何也。大官尊位。不然則尊爵重祿也。如是則不肖者在上位矣。然則賢者不為下。智者不為謀。信者不為約。勇者不為死。如是則毆國而捐之也。故曰金玉貨財之說勝。則爵服下流。

人君唯毋聽羣徒比周。則羣臣朋黨蔽美揚惡。然則國之情僞不見於上。如是。則朋黨者處前。寡黨者處後。夫朋黨者處前。賢不肖不分。則爭奪之亂起。而君在危殆之中矣。故曰。羣徒比周之說勝。則賢不肖不分。

人君唯毋聽觀樂玩好則敗。凡觀樂者。宮室臺池珠玉聲樂也。此皆費財盡力傷國之道也。而以此事君者。皆姦人也。而人君聽之。焉得毋敗。然則府倉虛。蓄積竭。且姦人在上。則壅遏賢者而不進也。

然則國適有患，則優倡侏儒起而議國事矣，是歐國而捐之也。故曰：觀樂玩好之說勝，則姦人在上位。

人君唯毋聽請謁任譽，則羣臣皆相為請。然則請謁得於上，黨與成於鄉。如是，則貨財行於國，法制毀於官，羣臣務佼而求用，然則無爵而貴，無祿而富。故曰：請謁任譽之說勝，則繩墨不正。

人君唯無聽諂諛飾過之言，則敗矣。以知其然也？夫諂臣者，常使其主不悔其過，不更其失者也。故主惑而不自知也。如是。則謀臣死而諂臣尊矣故曰諂讒飾過之說勝。則巧佞者用。

版法解第六十六

管子解四

版法者。法天地之位。象四時之行。以治天下。四時之行。有寒有暑。聖人法之。故有文有武。天地之位有前有後。有左有右。聖人法之。以建經紀。春生於左。秋殺於右。夏長於前。冬藏於後。生長之事。文也。收藏之事。武也。是故文事在左。武事在右。聖人法之以行法令。以治事理。凡法事者。操持不可以不正。操持不正。則聽治不公。聽治不公。則治不盡理。事不盡應。治不盡理。則疏遠微賤者無所告愬。事不盡應。則功利不盡舉。功利不盡舉。則國貧。疏遠微賤者無所告愬。則下饒。故曰。凡將立事。正彼天植。天植者心也。天植正。則不私近親。不孽疏遠。不私近親。不孽疏遠。則無遺利。無隱治。無遺利。無隱治。則事無不舉。物無遺者。欲見天心。明以風雨。故曰。風雨無違。遠近高下。各得其嗣。萬物尊天。而貴風雨所以尊天者為其莫不受命焉也所以貴風雨者為其莫不待風而動待雨而濡也若使萬物釋天而更有所受命釋風而更有所仰動釋雨而更有所仰濡則無為尊天而貴風雨矣今人君之所尊安者為其威立而令行也其所以能立威行令者為其威利之操莫不在君也若使威利之操不專在君而有所分散則君日益輕而威利日衰侵暴之道也故曰三經既飭君乃有國

乘夏方長審治刑賞必明經紀陳義設法斷事以

理虛氣平心乃去怒喜若倍法弃令而行怒喜禍亂乃害上位乃殆故曰喜無以賞怒無以殺喜以賞怒以殺怨乃起令乃廢驟令而不行民心乃外外之有徒禍乃始牙衆之所忿寡不能圖

冬既閉藏百事盡止往事畢登來事未起方冬無事慎觀終始審察事理事有先易而後難者有始不足見而終不可及者此常利之所以不舉事之所以困者也事之先易者人輕行之人輕行之則必困難成之事始不足見者人輕弃之人輕弃之

則必失不可及之功。夫數困難成之事。而時失不可及之功。衰耗之道也。是故明君審察事理。慎觀終始。爲必知其所成。成必知其所用。用必知其所利害。爲而不知所成。成而不知所用。用而不知所利害。謂之妄舉。妄舉者。其事不成。其功不立。故曰。舉所美。必觀其所終。廢所惡。必計其所窮。

凡人君者。欲民之有禮義也。夫民無禮義。則上下亂而貴賤爭。故曰。慶勉敦敬以顯之。富祿有功以勸之。爵貴有名以休之。

凡人君者欲衆之親上鄉意也欲其從事之勝任也。而衆者不愛則不親。不親則不明。不教順則不鄉意。是故明君兼愛以親之。明教順以道之。便其勢。利其備。愛其力。而勿奪其時以利之。如此。則衆親上鄉意。從事勝任矣。故曰。兼愛無遺。是謂君心。必先順教。萬民鄉風。旦暮利之。衆乃勝任。

治之本二。一曰人。二曰事。人欲必用。事欲必工。人有逆順。事有稱量。人心逆則人不用。事失稱量則事不工。事不工則傷。人不用則怨。故曰。取人以己。

成事以質成事以質者用稱量也取人以己者度恕而行也度恕者度之於己也己之所不安勿施於人故曰審用財慎施報察稱量故用財不可以嗇用力不可以苦用財嗇則費用力苦則勞矣奚以知其然也用力苦則事不工事不工而數復之故曰勞矣用財嗇則不當人心不當人心則怨起用財而生怨故曰費怨起而不復反衆勞而不得息則必有崩阤堵壞之心故曰民不足令乃辱民苦殃令不行施報不得禍乃始昌禍昌而不悟民

乃自圖。

凡國無法。則衆不知所為。無度。則事無機。有法不正。有度不直。則治辟。治辟則國亂。故曰正法直度。罪殺不赦。殺僇必信。民畏而懼。武威既明。令不再行。

凡民者莫不惡罰而畏罪。是以人君嚴教以示之。明刑罰以致之。故曰頻卒怠倦以辱之。罰罪有過以懲之。殺僇犯禁以振之。

治國有三器。亂國有六攻。明君能勝六攻而立三器。則國治。不肖之君。不能勝六攻而立三器。故國不治。三器者何也。曰號令也。斧鉞也。祿賞也。六攻者何也。親也。貴也。貨也。色也。巧佞也。玩好也。三器之用何也。曰非號令無以使下。非斧鉞無以畏衆非祿賞無以勸民。六攻之敗何也。曰雖不聽而可以得存。雖犯禁而可以得免。雖無功而可以得富夫國有不聽而可以得存者。則號令不足以使下有犯禁而可以得免者。則斧鉞不足以畏衆。有無功而可以得富者。則祿賞不足以勸民。號令不足以使下斧鉞不足以畏衆。祿賞不足以勸民。則人君無以自守也。然則明君柰何。明君不爲六者變更號令。不爲六者疑錯斧鉞。不爲六者益損祿賞。故曰植固而不動奇邪乃恐。奇革邪化。令往民移。凡人君者覆載萬民而兼有之。燭臨萬族而事使之。是故以天地日月四時爲主爲質以治天下。天覆而無外也。其德無所不在。地載而無弃也。安固而不動。故莫不生殖。聖人法之以覆載萬民。故莫不得其職姓。得其職姓則莫不爲用。故曰法天合

德象地無親日月之明無私故莫不得光聖人法
之以燭萬民故能審察則無遺善無隱姦無遺善
無隱姦則刑賞信必刑賞信必則善勸而姦止故
曰參於日月四時之行信必而著明聖人法之以
事萬民故不失時功故曰伍於四時
凡衆者愛之則親利之則至是故明君設利以致
之明愛以親之徒利而不愛則衆至而不親徒愛
而不利則衆親而不至愛施俱行則說君臣說朋
友說兄弟說父子愛施所設四固不能守故曰說

在愛施。

凡君所以有衆者。愛施之德也。愛有所移。利有所并。則不能盡有。故曰有衆在廢私。

愛施之德。雖行而無私。內行不修。則不能朝遠方之君。是故正君臣上下之義。飾父子兄弟夫妻之義。飾男女之別。別疏數之差。使君德臣忠。父慈子孝。兄愛弟敬。禮義章明。如此。則近者親之。遠者歸之。故曰召遠在修近。閉禍在除怨。非有怨乃除之。所事之地常無怨也。凡禍亂之所生。生於怨咎。怨咎所生。生於非理。是以明君之事衆也。必經。使之必道。施報必當。出言必得。刑罰必理。如此則衆無鬱怨之心。無憾恨之意。如此則禍亂不生。上位不殆。故曰閉禍在除怨也。

凡人君所以尊安者。賢佐也。佐賢則君尊國安民治。無佐則君卑國危民亂。故曰備長存乎任賢。

凡人者莫不欲利而惡害。是故與天下同利者。天下持之。擅天下之利者。天下謀之。天下所謀。雖立必隳。天下所持。雖高不危。故曰安高在乎同利。

凡所謂能以所不利利人者舜是也舜耕歷山陶河濱漁雷澤不取其利以教百姓百姓舉利之此所謂能以所不利利人者也所謂能以所不有予人者武王是也武王伐紂士卒往者人有書社入殷之日決鉅橋之粟散鹿臺之錢殷民大說此所謂能以所不有予人者也

桓公謂管子曰今子教寡人法天合德合德長久合德而兼覆之則萬物受命象地無親無親安固無親而兼載之則諸生皆殖參於日月無私葆光

無私而兼照之。則美惡不隱。然則君子之為身。無好無惡然已乎。管子對曰。不然。夫學者所以自化。所以自撫。故君子惡稱人之惡。惡不忠而怨妬。惡不公議而名當稱。惡不位下而位上。惡不親外而內放。此五者。君子之所恐行。而小人之所以亡。況人君乎。（評）解尾忽附問答一條未刪之章

明法解第六十七

管子解五

明主者有術數而不可欺也。審於法禁而不可犯

也。察於分職而不可亂也，故羣臣不敢行其私，貴臣不得蔽賤，近者不得塞遠。孤寡老弱不失其所職，竟內明辨而不相踰越。此之謂治國。故明法曰：所謂治國者，主道明也。

明主者，上之所以一民使下也；利術者，下之所以侵上亂主也。故法廢而私行，則人主孤特而獨立，人臣羣黨而成朋，如此則主弱而臣強。此之謂亂國。故明法曰：所謂亂國者，臣術勝也。

明主在上位，有必治之勢，則羣臣不敢為非。是故羣臣之不敢欺主者，非愛主也，以畏主之威勢也；百姓之爭用，非以愛主也，以畏主之法令也。故明主操必勝之數，以治必用之民；處必尊之勢，以制必服之臣。故令行禁止，主尊而臣卑。故明法曰：尊君卑臣，非計親也，以勢勝也。

明主之治也，縣爵祿以勸其民，民有利於上，故主有以使之；立刑罰以威其下，下有畏於上，故主有以牧之。故無爵祿則主無以勸民，無刑罰則主無以威衆。故人臣之行理奉命者，非以愛主也，且以

就利而避害也。百官之奉法無姦者非以愛主也
欲以愛爵祿而避罰也。故明法曰。百官論職非惠
也。刑罰必也。

人主者擅生殺處威勢。操令行禁止之柄以御其
羣臣。此主道也。人臣者處卑賤奉主令。守本任治
分職。此臣道也。故主行臣道則亂。臣行主道則危
故上下無分。君臣共道亂之本也。故明法曰。君臣
共道則亂。

人臣之所以畏恐、而謹事主者以欲生而惡死也

使人不欲生。不惡死。則不可得而制也。夫生殺之柄專在大臣而主不危者。未嘗有也。故治亂不以法斷而決於重臣。生殺之柄不制於主而在羣下。此寄生之主也。故人主專以其威勢予人。則必有劫殺之患。專以其法制予人。則必有亂亡之禍。如此者。亡主之道也。故明法曰。專授則失。

凡為主而不得行其令。廢法而恣羣臣。威嚴已廢。權勢已奪。令不得出。羣臣弗為用。百姓弗為使。竟内之衆不制。則國非其國。而民非其民。如此者。滅主之道也。故明法曰。令本不出謂之滅。

明主之道。卑賤不待尊貴而見。大臣不因左右而進。百官條通。羣臣顯見。有罰者主見其罪。有賞者主知其功。見知不悖。賞罰不差。有不蔽之術。故無壅遏之患。亂主則不然。法令不得至於民。疏遠鬲閉而不得聞。如此者。壅遏之道也。故明法曰。令出而留。謂之壅。

人臣之所以乘而爲姦者。擅主也。臣有擅主者。則主令不得行。而下情不上通。人臣之力。能鬲君臣之間。而使美惡之情不揚。閼禍福之事不通。徹人主迷惑而無從悟。如此者。塞主之道也。故明法曰。下情不上通。謂之塞。

明主者。兼聽獨斷。多其門戶。群臣之道。下得明上。賤得言貴。故姦人不敢欺。亂主則不然。聽無術數。斷事不以參伍。故無能之士上通。邪枉之臣專國。主明蔽而聰塞。忠臣之欲謀諫者不得進。如此者。侵主之道也。故明法曰。下情上而道止。謂之侵。

人主之治國也。莫不有法令賞罰。具。故其法令明而賞罰之所立者當。則主尊顯而姦不生。其法令逆而賞罰之所立者不當。則羣臣立私而壅塞之。朋黨而劫殺之。故明法曰滅塞侵壅之所生。從法之不立也。

法度者。主之所以制天下而禁姦邪也。所以牧領海內而奉宗廟也。私意者。所以生亂長姦而害公正也。所以壅蔽失正而危亡也。故法度行則國治。私意行則國亂。明主雖心之所愛。而無功者不賞也。雖心之所憎。而無罪者弗罰也。案法式而驗得

失非法度不留意焉故明法曰先王之治國也不
淫意於法之外
明主之治國也案其當宜行其正理故其當賞者
羣臣不得辭也其當罰者羣臣不敢避也夫賞功
誅罪所以為天下致利除害也草茅弗去則害禾
穀盜賊弗誅則傷良民夫舍公法而行私惠則是
利姦邪而長暴亂也行私惠而賞無功則是使民
偷幸而望於上也行私惠而赦有罪則是使民輕
上而易為非也夫舍公法用私意明主不為也故

明法曰不爲惠於法之內。

凡人主莫不欲其民之用也使民用者必法立而令行也故治國使衆莫如法禁淫止暴莫如刑故貧者非不欲奪富者財也然而不敢者法不使也强者非不能暴弱也然而不敢者畏法誅也故百官之事案之以法則姦不生暴慢之人誅之以刑則禍不起羣臣並進筴之以數則私無所立故明法曰動無非法者所以禁過而外私也。

人主之所以制臣下者威勢也。故威勢在下。則主制於臣威勢在上則臣制於主夫蔽主者非塞其門守其戶也然而令不行禁不止所欲不得者失其威勢也故威勢獨在於主則羣臣畏敬法政獨出於主則天下服德故威勢分於臣則令不行法政出於臣則民不聽故明主之治天下也威勢獨在於主而不與臣共法政獨制於主而不從臣出故明法曰威不兩錯政不二門

明主者一度量立表儀而堅守之故令下而民從法者天下之程式也萬事之儀表也吏者民之所

懸命也。故明主之治也，當於法者賞之，違於法者誅之。故以法誅罪，則民就死而不怨；以法量功，則民受賞而無德也。此以法舉錯之功也。故明法曰：以法治國，則舉錯而已。

明主者，有法度之制，故羣臣皆出於方正之治，而不敢為姦。百姓知主之從事於法也，故吏之所使者有法則民從之，無法則止。民以法與吏相距，下以法與上從事，故詐偽之人不得欺其主，嫉妒之人不得用其賊心，讒諛之人不得施其巧，千里之外不敢擅為非。故明法曰。有法度之制者。不可巧以詐僞。

權衡者。所以起輕重之數也。然而人不事者。非心惡利也。權不能為之多少其數。而衡不能為之輕重其量也。人知事權衡之無益。故不事也。故明主在上位。則官不得枉法。吏不得為私。民知事吏之無益。故財貨不行於吏。權衡平正而待物。故姦詐之人不得行其私。故明法曰。有權衡之稱者。不可欺以輕重。

尺寸尋丈者，所以得長短之情也。故以尺寸量短長，則萬舉而萬不失矣。是故尺寸之度，雖富貴衆強，不為益長；雖貧賤卑辱，不為損短。公平而無所偏，故姦詐之人不能誤也。故明法曰：有尋丈之數者，不可差以長短。

國之所以亂者，廢事情而任非譽也。故明主之聽也，言者責之以其實，譽人者試之以其官。言而無實者誅，吏而亂官者誅。是故虛言不敢進，不肖者不敢受官。亂主則不然，聽言而不督其實，故羣臣以虛譽進其黨任官而不責其功故愚汚之吏在庭如此則羣臣相推以美名相假以功伐務多其佼而不為主用故明法曰主釋法以譽進能則臣離上而下比周矣以黨舉官則民務佼而不求用矣

亂主不察臣之功勞譽衆者則賞之不審其罪過毀衆者則罰之如此者則邪臣無功而得賞忠正無罪而有罰故功多而無賞則臣不務盡力行正而有罰則賢聖無從竭能行貨財而得爵祿則汚

辱之人在官。寄託之人不肖而位尊。則民倍公法而趨有勢。如此。則慤愿之人失其職。而廉潔之吏失其治。故明法曰。官之失其治也。是主以譽為賞。而以毀為罰也。

平吏之治官也。行法而無私。則姦臣不得其利焉。此姦臣之所務傷也。人主不參驗其罪過。以無實之言誅之。則姦臣不能無事貴重。而求推譽以避刑罰而受祿賞焉。故明法曰。喜賞惡罰之人。離公道而行私術矣。

姦臣之敗其主也。積漸積微。使主迷惑而不自知也。上則相為候望於主。下則買譽於民。譽其黨而使主尊之。毀不譽者而使主廢之。其所利害者。主聽而行之。如此則羣臣皆忘主而趨私佼矣。故明法曰。比周以相為慝。是故忘主死佼以進其譽。主無術數。則羣臣易欺之。國無明法。則百姓輕為非。是故姦邪之人用國事。則羣臣仰利害也。如此則姦人為之視聽者多矣。雖有大義。主無從知之。故明法曰。佼衆譽多。外內朋黨。雖有大姦。其蔽主多矣。
凡所謂忠臣者。務明法術。日夜佐主明於度數之理以治天下者也。姦邪之臣。知法術明之必治也。治則姦臣困而法術之士顯是故邪之所務事者使法無明。主無悟。而已得所欲也。故方正之臣得用。則姦邪之臣困傷矣。是方正之與姦邪。不兩進之勢也。姦邪在主之側者。不能勿惡也。惟惡之。則必候主閒而日夜危之。人主不察而用其言。則忠臣無罪而困死。姦臣無功而富貴。故明法曰。忠臣死於非罪。而邪臣起於非功。

富貴尊顯。久有天下。人主莫不欲也。令行禁止。海内無敵。人主莫不欲也。蔽欺侵凌。人主莫不惡也。失天下。滅宗廟。人主莫不惡也。忠臣之欲明法術以致主之所欲。而除主之所惡者。姦臣之擅主者有以私危之。則忠臣無從進其公正之數矣。故明法曰。所死者非罪。所起者非功。然則爲人臣者重私而輕公矣。

亂主之行爵禄也。不以法令案功勞。其行刑罰也。

不以法令案罪過而聽重臣之所言故臣有所欲賞主爲賞之臣欲有所罰主爲罰之廢其公法專聽重臣如此故群臣皆務其黨重臣而忘其主趨重臣之門而不庭故明法曰十至於私人之門不一至於庭

明主之治也明於分職而督其成事勝其任者處官不勝其任者廢免故群臣皆竭能盡力以治其事亂主則不然故群臣處官位受厚祿莫務治國者期於管國之重而擅其利牧漁其民以富其家

故明法曰。百慮其家。不一圖其國。

明主在上位。則竟內之衆盡力以奉其主。百官分職致治以安國家。亂主則不然。雖有勇力之士。大臣私之而非以奉其主也。雖有聖智之士。大臣私之非以治其國也。故屬數雖衆。不得進也。百官雖具。不得制也。如此者有人主之名而無其實。故明法曰。屬數雖衆。非以尊君也。百官雖具。非以任國也。此之謂國無人。

明主者使下盡力而守法分。故羣臣務尊主而不敢顧其家臣主之分明。上下之位審。故大臣各處其位而不敢相貴。亂主則不然。法制廢而不行。故羣臣得務益其家。君臣無分。上下無別。故羣臣得務相貴。如此者。非朝臣少也。衆不為用也。故明法曰。國無人者。非朝臣衰也。家與家務相益。不務尊君也。大臣務相貴而不任國也。

人主之張官置吏也。非徒尊其身厚奉之而已也。使之奉主之法。行主之令。以治百姓而誅盗賊也。是故其所任官者大。則爵尊而禄厚。其所任官者小則爵卑而祿薄。爵祿者，人主之所以使吏治官也。亂主之治也，處尊位，受厚祿，養所與佼，而不以官為務。如此者，則官失其能矣。故明法曰：小臣持祿養佼，不以官為事，故官失職。

明主之擇賢人也，言勇者試之以軍，言智者試之以官。試於軍而有功者則舉之，試於官而事治者則用之。故以戰功之事定勇怯，以官職之治定愚智。故勇怯愚智之見也，如白黑之分。亂主則不然，聽言而不試，故妄言者得用；任人而不官，故不肖者不困。故明主以法案其言而求其實。以官任其身而課其功。專任法。不自舉焉。故明法曰。先王之治國也。使法擇人。不自舉也。

凡所謂功者。安主上。利萬民者也。夫破軍殺將。戰勝攻取。使主無危亡之憂。而百姓無死虜之患。此軍士之所以為功者也。奉主法。治竟內。使強不淩弱。衆不暴寡。萬民驩盡其力而奉養其主。此吏之所以為功也。匡主之過。救主之失。明理義以道其主。主無邪僻之行。蔽欺之患。此臣之所以為功也。

故明主之治也。明分職而課功勞有功者賞亂治者誅誅賞之所加各得其宜而主不自與焉故明法曰使法量功不自度也。

明主之治也審是非察事情以度量案之合於法則行不合於法則止功充其言則賞不充其言則誅故言智能者必有見功而後舉之言惡敗者必有見過而後廢之如此則士上通而莫之能妒不肖者困廢而莫之能舉故明法曰能不可蔽而敗不可飾也。

明主之道。立民所欲以求其功。故為爵祿以勸之。立民所惡以禁其邪。故為刑罰以畏之。故案其功而行賞。案其罪而行罰。如此則羣臣之舉無功者不敢進也。鐵無罪者。不能退也。故明法曰。譽者不能進。而誹者不能退也。

制羣臣。擅生殺。主之分也。縣令仰制。臣之分也。威勢尊顯。主之分也。卑賤畏敬。臣之分也。令行禁止。主之分也。奉法聽從。臣之分也。故君臣相與。高下之處也。如天之與地也。其分畫之不同也。如白之與黑也、故君臣之間明別、則主尊臣卑、如此則下之從上也。如響之應聲、臣之法主也。如景之隨形、故上令而下應、主行而臣從、以令則行。以禁則止。以求則得此之謂易治。故明法曰。君臣之間明別則易治。

明主操術任臣下。使羣臣效其智能進其長技故智者效其計能者進其功。以前言督後事所效當則賞之。不當則誅之。張官任吏。治民案法試課成功。守法而法之。身無煩勞而分職、故明法曰。主雖不身下為而守法為之可也。

臣乘馬第六十八

管子輕重一

桓公問管子曰：請問乘馬。管子對曰：國無儲在令。桓公曰：何謂國無儲在令？管子對曰：一農之量壤百畝也。春事二十五日之内。桓公曰：何謂春事二十五日之内？管子對曰：日至六十日而陽凍釋，七十日而陰凍釋，陰凍釋而秇稷，百日不秇稷。故春事二十五日之内耳也。今君立扶臺，五衢之衆皆

趙[illegible]按：陽凍，地上也；陰凍，地下也。秋同秇。言七十日陰凍釋，秇稷[illegible]百日則過[illegible]秇矣。是[illegible]在二[illegible]

作君過春而不止民失其二十五日則五衢之内阻弃之地也起一人之繇百畝不舉起十人之繇千畝不舉起百人之繇萬畝不舉起千人之繇十萬畝不舉春已失二十五日而尚有起夏作是春失其地夏失其苗秋起繇而無止此之謂穀地數亡穀失於時君之衡藉而無止民食什伍之穀則君已藉九矣有衡求幣焉此盜暴之所以起刑罰之所以衆也隨之以暴謂之内戰

演 内戰之説聖賢使時不違之大仁二十五日之内豳風小正之

志先王急農力本不過也然而其歸在於策乘馬則省耕發廩以王者一惠農而兼之攘農乎傅于術矣術病道利餌義先王去術禁利豈不知權筴之於國兩收哉上封不如下儲防漸不如嚴始大受不濟小私誠知其利遺之也不遺利不為仁不[illegible]無遺人詩曰伊寡婦之利桓公曰善哉筴乘馬之數求盡也彼王者不奪民時故五穀興豐五穀興豐則士輕祿民簡賞彼善為國者使農夫寒耕暑耘力歸於上女勤於織微而織歸於府者

非怨民心傷民意高下之筴不得不然之理也。桓公曰：為之柰何？管子曰：虞國得筴乘馬之數矣。桓公曰：何謂筴乘馬之數？管子曰：百畝之夫予之筴率二十七日為子之春事，資子之幣。春秋子穀大登，國穀之重去分，謂農夫曰：幣之在子者以為穀而廩之州里。國穀之分在上，國穀之重再十倍。謂遠近之縣里邑百官皆當奉器械備，曰：國無幣，以穀准幣，國穀之櫎一切什九，還穀而應穀，國器皆資，無籍於民。此有虞之筴乘馬也。

（演）馬之乘在御以筴為進退緩急凡筴取義于此君之御民猶馬也操其利權以乘緩急高下而廢居猶筴乘馬也虞國舉筴之綱筴之詳在下然亦數盡之矣揔以穀為主用新入陳出居賤化貴而以資耕資器設民為權而自行其筴貨略做國服而更甚之大要即後田氏益嘗出收券責之業重臣世家以漁民者兼之子息而此操之君以便民不假毋子之籌而坐贏貿遷之利名似市義以利下而實託義以肥上也故

後世鐫之以常平平之於輕重常之於筴乘必

私義利伯王之辨也主夫奪筦大夫家之貸筴

而乘于國曰臣乘馬三言盡之矣

乘馬數第六十九

管子輕重二

桓公問管子曰有虞筴乘馬已行矣吾欲立筴乘馬為之柰何管子對曰戰國修其城池之功故其國常失其地用王國則以時行也桓公曰何謂以時行管子對曰出准之令守地用人筴故開闔皆

在上無求於民霸國守分上分下游於分之間而
用足王國守始國用一不足則加一焉國用二不
足則加二焉國用三不足則加三焉國用四不足
則加四焉國用五不足則加五焉國用六不足則
加六焉國用七不足則加七焉國用八不足則加
八焉國用九不足則加九焉國用十不足則加十
焉【演】王制三十年之通制國歲歲三分之説也此
積貯之始守始守之此以始守而以時行筭其上
下之分准為開闔之數上一行一上十行十以其

守補其流民得其資國入其贏所謂加一以至加十也行始之餘加于今之不足故曰關闠在止無求於民凡所謂不足皆凶年也昧於加之義則且為揞克横征實其口矣人君之守高下歲藏三分十年則必有五年之餘若歲凶旱水泆民失本則修宫室臺榭以前無狗後無彘者為庸故修宫室臺榭非麗其樂也以平國筴也（實）前無狗後無彘無畜業之貧家非游民則窶子也歲殺不能自食則以庸而官餼之周禮荒政弛力而此主後庸弛

者弛有業之息得自力于糊口庸者庸乏生之窮得力食于官工後世歉荒徃徃集衆興役活飢民一戢亡命二團聚盜三安人心四文成國作五上加不足以流穀而平糶此庸不給以分穀而平食所謂平國筴也令至於其亡筴乘馬之君春秋冬夏不知時終始作一起衆立宮室臺榭民失其本事君不知其失諸春筴又失諸夏秋之筴數也民無饘賣子數矣猛毅之人淫暴貧病之民乞請君行律度焉則民被刑僇不從於主上此筴乘馬

之數亡也。乘馬之准與天下齊准。彼物輕則見泄，重則見射。此鬬國相泄、輕重之家相奪也。至於王國，則持流而止矣。桓公曰：何謂持流？管子對曰：有一人耕而五人食者，有一人耕而四人食者，有一人耕而三人食者，有一人耕而二人食者。此齊力而功地田筴相圓。（通）一耕功齊而五四三二分則年之豐凶與地之高下年在時地在壤合而通曰相圓獨貴獨賤時筴也上史閒壤下壤壤筴也湍補開闔則筴乘持流之數此國筴之時守也君不守以筴則民且守於上。此國筴流已。通上不以筴持流而使澤下流失其准守也桓公曰。乘馬之數盡於此乎。管子對曰。布織財物。皆立其貲。財物之貲與幣高下。穀獨貴獨賤。桓公曰。何謂獨貴獨賤。管子對曰。穀重而萬物輕。穀輕而萬物重。公曰。賤筴乘馬之數柰何。管子對曰。郡縣上臾之壤守之若干。間壤守之若干。通間壤間歲一種卽爰田之下壤守之若干。故相壤定籍而民不移。振貧補不足。下樂上。故以上壤之滿。補下壤之衆。章四時。守諸開闔民之不移也。如廢方於地。此之謂筴乘馬之數也。

問乘馬第七十亡

管子輕重三

管子權卷第二十二

唐司空房　玄齡　註

明道民朱　長春　權

事語第七十一

管子輕重四

桓公問管子曰事之至數可聞乎管子對曰何謂

至數。桓公曰。泰奢教我曰。帷蓋不修。衣服不衆。則女事不泰。俎豆之禮不致牲。諸侯太牢。大夫少牢不若此。則六畜不育。非高其臺榭。美其宮室。則羣材不散。此言何如。管子曰。非數也。桓公曰。何謂非數。管子對曰。此定壤之數也。彼天子之制壤方千里。齊諸侯方百里。㊀通 齊諸侯如漢徼侯一等侯也負海子七十里。男五十里。若胸臂之相使也。故准徐疾贏不足。雖在下也。不為君憂。彼壤狹而欲舉與大國爭者。農夫寒耕暑芸。力歸於上。女勤於緯

績微絨功歸於府者非怨民心傷民意也非有積蓄不可以用人非有積財無以勸下泰奢之數不可用於危隘之國桓公曰善

桓公又問管子曰佚田謂寡人曰善者用非其有使非其人何不因諸侯權以制天下管子對曰佚田之言非也彼善為國者壤辟舉則民留處倉廩實則知禮節且無委致圍城脃致衝夫不定內不可以持天下佚田之言非也管子曰歲藏一十年而十也歲藏二五年而十也穀十而守五綈素滿

之五在上。故視歲而藏，縣時積歲，國有十年之蓄。富勝貧，勇勝怯，智勝愚，微勝不微，有義勝無義，練士勝敺眾。凡十勝者盡有之，故發如風雨，動如雷霆，獨出獨入，莫之能禁止，不待權與。故佚田之言非也。桓公曰：善。

海王第七十二

管子輕重五

（評）一本鹽鐵官市帳耳，文極俚極奇，三代有之，至漢武以下絕矣，俚無奇，奇無俚。

（演）海王開萬世鹽鐵之孔不可塞矣抑末以嵗本末為非筴但平準坐市不可耳山海在天地之間輿壤之內非君主民安得主井田而授耒有不主于君也況其山川曠邈乎自古山林川澤皆官守之時以弛民令乃一切恣漁采不問令天下為家古一畿一同也故古之利孔多利禁煩利出而縣王都侯國九州之數可計也然則封建廢而天下曠蕩民力優饒秦法豈盡非乎雖然以言曠蕩優饒無如我明矣覆載天地

日用飲食而不知吁誰之澤乎

桓公問於管子曰。吾欲藉於臺雉。何如。管子對曰。此毀成也。吾欲藉於樹木。管子對曰。此伐生也。吾欲藉於六畜。管子對曰。此殺生也。吾欲藉於人。何如。管子對曰。此隱情也。(通)一篇都為隱情而發反而用之奪民之隱為君隱桓公曰。然則吾何以為國。管子對曰。唯官山海為可耳。桓公曰。何謂官山海。管子對曰。海王之國。謹正鹽筴。海王言以負海之利而王其業桓公曰。何謂正鹽筴。正稅也管子對曰。十口之家人食鹽百口之家百人食鹽。終月。大男食鹽五升少半。少半猶劣薄也大女食鹽三升少半吾子食鹽二升少半。吾子謂小男小女也此其大曆也。曆數鹽百升而釜。鹽十二兩七銖一黍十分之一為升當米六合四勺也百升之鹽七十六斤十二兩十九銖二絫為釜當米六斗四升令鹽之重升加分彊釜五十也。分彊半彊也令使鹽官稅其鹽之重每一斗加半合為彊而取之則一釜之鹽得五十台而為之彊升加一彊釜百也。升加二彊釜二百也。鍾二千。十釜之鹽七百六十八斤為鍾當米六斛四斗是也十鍾二萬。百鍾二十萬。千鍾二百萬。萬乘之國。人數問口千萬也。舉其大數而言之也問口謂大男大女之所食

鹽也禺筴之。商日二百萬。禺讀為偶偶對也商計也對其大男大女食鹽者之
口數而立筴以計所稅之鹽一日計二百萬合為二百鍾㊟通筴市賈之計帳也
禺筴以一禺筴而側其全也商今之鹽商十日二
千萬。一月六千萬。萬乘之國。正九百萬也。萬乘之國大男
大女食鹽者千萬人而稅之鹽一日二百鍾十日二千鍾一月六千鍾也今又施其稅數以千萬人
如九百萬人之數則所稅之鹽一日百八十鍾十日千八百鍾一月五千四百鍾月人三
十錢之籍。為錢三千萬。又變其五千四百鍾之鹽而籍其錢計一月每人籍
錢三十凡千萬人為錢三萬萬矣以籍之數而比其常籍則當一國而有三千萬人矣今吾
非籍之諸君吾子而有二國之籍者六千萬。諸君謂考

通典。其言加六正千鹽月六千萬正鹽之月額也月人之籍三千萬正人之月額也人三千萬鹽六千萬是一加兼二國人籍之正為六千萬鐵正在下不入此數

男老女也六十已上為老男五十已上為老女也既不籍於老男老女又不籍於小男小女乃能以千萬人而當三千萬人者蓋鹽官之利耳鹽官之利既然則鐵官之利可知也鹽官之利當一國而三萬人鐵官之利當一國而三萬人為故能有二國之籍者六千萬人耳其常籍人之數猶在此外

使君施令曰。吾將籍於諸君吾子。則必囂號。今夫給之鹽筴。則百倍歸於上。人無以避此者數也。今鐵官之數曰。一女必有一鍼一刀。若其事立。（若猶然後）耕者必有一耒一耜一銚。若其事立。（大銚謂之銚羊昭反）行服連（輂名所以載作器人挽者）軺（羊昭反）輂（居玉反）者。（大車駕馬）必有一斤一鋸一錐一鑿。若其事立。不爾而成事者天下

無有。今鍼之重加一也。三十鍼一人之籍。鍼之重每十分加一分為彊而取之則一女之籍得三十鍼也矣刀之重加六。五六三十。五刀。一人之籍也。刀之重每十分加六分以為彊而取之五六為三十也則一女之籍得五刀耜鐵之重加七。三耜鐵。一人之籍也。耜鐵之重每十分加七分以為彊而取之則一衆之籍得三耜鐵也其餘輕重皆准此而行。其器彌重其加彌多然則舉臂勝音升事無不服籍者。桓公曰。然則國無山海不王乎。管子曰。因人之山海假之。名有海之國。雖無海而假名有海則亦雖無山而假名有山讎鹽於吾國。彼國有鹽而糶於吾國為售耳釜十五。吾受而官出之以百。受我也假令彼鹽平價釜當十錢者吾又加五錢而取之所以来之也既得彼鹽則令吾國鹽官又出而糶之釜以百錢也（通）十五取之百錢出之則息六倍以彊官之賠何太重而口之食將不堪必無之事也釜十五官出之百謂来人者十加五自出者又于十五揔之百加五我未與其本事也與用也本事本鹽也受人之事以重相推以重推謂加五錢之類也推猶度也此人用之數也彼人所有而皆為我用之

（適）有管海王不可無榷鹽鐵論雖然利之孔如決川一徃赴海不復可塞矣翦豪擅以助式征

寧權奇之正乎但為君者不可不存此而說徼管本大病國大詘徼桓天下驟然賈之名加于天子小奪之禍加于社稷大自古無不衰而興利無興利而不亡

國蓄第七十三

管子輕重六

(許)據其本實輕重斂散之權似乎常平便民之法悉其穀物予奪收藉之利乃出乎準商賈之行君而如此析秋毫御子母曰與卿大夫衔爵

登壟闘捷于大驅徵市何暇理國政哉管氏至此乎五家之内九合之外日不給矣其傳説耶夫見予于奪幾于掩民而掠矣又且曰籍於號令使去一至於去九物本安在民何爲命夫乃大盗白書刼于市哉管氏至此乎聖人舍其鉅而罪其細曰三歸反坫也其爲諱耶好事者僞也胥誣良大夫後悮漢宋天子○弟皮相文巳見敝屣後人行之如癸之周禮耳其眯耶

國有十年之蓄而民不足於食皆以其技能望君

之祿也。君有山海之金而民不足於用。是皆以其事業交接於君上也。故人君挾其食守其用據有餘而制不足。故民無不累於上也。五穀食米民之司命也。黃金刀幣民之通施也。故善者執其通施以御其司命。故民力可得而盡也。夫民者親信而死利。海內皆然。民予則喜奪則怒。民情皆然。先王知其然。故見予之形。不見奪之理。與可使由之不可使知之故民愛可洽於上也。洽通也租籍者在工商曰租籍所以彊其兩反求也。租稅者所慮而請也。在農曰租稅慮猶計也請求也王霸之君去其所以彊求，廢其所慮而請，故天下樂從也。

利出於一孔者（凡言利者不必貨利，慶賞威刑皆是），其國無敵；出二孔者，其兵不詘（詘與屈同，屈窮也）；出三孔者，不可以舉兵；出四孔者，其國必亡。先王知其然，故塞民之養（養利也，羊向反），隘其利途。故予之在君，奪之在君，貧之在君，富之在君。故民之戴上如日月，親君若父母。凡將為國，不通於輕重，不可為籠以守民；不能調通民利，不可以語制為大治。是故萬乘之國有萬金之賈。千乘之國有千金之賈。然者何也。國多失利。則臣不盡其忠。士不盡其死矣。歲有凶穰。故穀有貴賤。令有緩急。故物有輕重。然而人君不能治。故使蓄賈游市。乘民之不給。百倍其本。分地若一。彊者能守。分財若一。智者能收。智者有什倍人之功。以一取什愚者有不賡本之事。賡猶償也音庚然而人君不能調故民有相百倍之生也。夫民富則不可以祿使也。貧則不可以罰威也。法令之不行。萬民之不治。貧富之不齊也。且君引錣錣籌也丁劣反量用耕田發草上得其數矣。民人所食，人有若干步畝之數矣，計本量委。（委，積也。）則足矣。然而民有飢餓不食者，何也？穀有所藏也。（言一國之內，耕墾之數，君悉知之。凡人計口授田，家族多少，足以自給，而人乏於食者，謂豪富之家收藏其穀故也。）人君鑄錢立幣，民庶之通施也。（錢幣無補於飢寒之用，人君所立以均制財物，通交有無，使人之所求各得其欲。）人有若干百千之數矣，然而人事不及、用不足者，何也？利有所并藏也。（民事謂常費也。言人之所有多少，各隨其分而自足，君上不能均調其事，則豪富并藏財貨，專擅其利，是故人常費不給，以致匱乏。）然則人君非能散積聚、均羨（餘也）不足、分并財利而調民事也，則君雖彊本趣耕本謂務農趣讀為促而自為鑄幣而無已乃今使民下相役耳惡能以為治乎言人君若不能權其利門制其輕重雖鑄幣無限極而與人徒使豪富侵奪貧弱終不能致理也

歲適美則市糶無予而狗彘食人食歲適凶則市糴釜十繦而道有餓民然則豈壤力固不足而食固不贍也哉夫往歲之糶賤狗彘食人食故來歲之民不足也物適賤則半力而無予民事不償其本物適貴則什倍而不可得民失其用然則豈財物固寡而本委不足也哉夫民利之時失而物利

之不平也。故善者委施於民之所不足，操事於民之所有餘。夫民有餘則輕之，故人君斂之以輕；民不足則重之，故人君散之以重。斂積之以輕，散行之以重，故君必有什倍之利，而財之櫎古莫反可得而平也。

凡輕重之大利，以重射輕，以賤泄平。萬物之滿虛隨財，准平而不變，衡絕則重見。人君知其然，故守之以准平。使萬室之都必有萬鍾之藏，藏繦千萬；使千室之都必有千鍾之藏，藏繦百萬。春以奉耕，夏以奉芸耒耜械器。種饟糧食畢取贍於君。故大賈蓄家。不得豪奪吾民矣。然則何。君養其本謹也。春賦以斂繒帛。夏貸以收秋實。蓋方春蠶家闕乏而賦與之約收其繒帛方夏農人闕乏亦賦與之約取其穀實也是故民無廢事而國無失利也。人之所乏君悉與之則豪商富人不得擅其利

凡五穀者萬物之主也。穀貴則萬物必賤。穀賤則萬物必貴。兩者為敵則不俱平。故人君御穀物之。秩相勝而操事於其不平之間。秩積也食為人天故五穀之要可與萬物為敵其價常不與平所以人君視兩事之委積可彼此相勝輕重於其間則國利不散也故

通補：贏讀消，手未作不，在授田之戶，依據戶而籍，則戶之外匿消耗矣。

萬民無籍而國利歸於君也。夫以室廡籍謂之毀成。小曰室，大曰廡，音武。是使人毀壞廬室。以六畜籍謂之止生。畜許救反。是使人不競牧養也。以田畝籍謂之禁耕。是止其耕稼也。以正人籍謂之離情。正數之人若丁壯也。離情謂離心也。以正戶籍謂之養贏。贏謂大賈畜家也。正數之戶既避其籍，則至浮浪為大賈蓄家之所役屬，增其利耳。五者不可畢用，故王者徧行而不盡也。故天子籍於幣，諸侯籍於食。中歲之穀糶石十錢。大男食四石，月有四十之籍；大女食三石，月有三十之籍；吾子食二石，月有二十之籍。評：移人君作民間一大囤戶大

通積之餘歲之穀當也穀幣相等也凶歲倍之變也穀貴而倍於幣也

責主名可羞而事不給故後儒有疑周禮偽亦于國服案之歲凶穀貴糴石二十錢則大男有八十之籍大女有六十之籍吾子有四十之籍按古之石准今之三斗三升三合平歲每石稅十錢凶歲稅二十者非必稅其人謂於操事輕重之間約取其利也是人君非發號令收嗇而戶籍也彼人君守其本委謹而男女諸君吾子無不服籍者也嗇斂也委所委積之物也謹嚴也言人君不用下令稅斂於人但嚴守利途輕重在我則無所逃其稅也一人廪食十人得餘十人廪食百人得餘百人廪食千人得餘夫物多則賤寡則貴散則輕聚則重人君知

其然故視國之羨不足而御其財物穀賤則以幣予食布帛賤則以幣予衣視物之輕重而御之以准故貴賤可調而君得其利前有萬乘之國而後有千乘之國謂之抵國前有千乘之國而後有萬乘之國謂之距國壤正方四面受敵謂之衢國（評）

本議不了忽起案三國大發議方引入地脈有

龍兵法有此陣以百乘衢處謂之託食之君千乘衢處壤削少半萬乘衢處壤削太半何謂百乘衢處託食之君也夫以百乘衢處危懾圍阻千乘萬

乘之間。夫國之君不相中。舉兵而相攻。必以爲扞挌蔽圉之用。有功利不得鄉。大臣死於外。分壤而功列陳繫纍獲虜分賞而祿。是壤地盡於功賞而稅臧殫於繼孤也。是特名羅於爲君耳。無壤之有。號有百乘之守。而實無尺壤之用。故謂託食之君。然則大國內款。小國用盡。何以及此。曰百乘之國。官賦軌符乘四時之朝夕。御之以輕重之准。然後百乘可及也。千乘之國封。天財之所殖械器之所出。財物之所生。視歲、之滿虛而輕重其祿。然後千乘可足也。萬乘之國，守歲之滿虛，乘民之緩急，正其號令，而御其大准，然後萬乘可資也。玉起於禺音虞氏，金起於汝漢，珠起於赤野，東西南北距周七千八百里。水絶壤斷，舟車不能通。先王為其途之遠，其至之難，故託用於其重，以珠玉為上幣，以黃金為中幣，以刀布為下幣。三幣握之則非有補於煖也，食之則非有補於飽也。先王以守財物，以御民事，而平天下也。（評）看他瀠瀠結法，漢以下不知下多少挽合關照，更自下議，却來多文家蚍足令人君籍求於民。令曰十日而具。則財物之賈什去一。令曰八日而具。則財物之賈什去二。令曰五日而具。則財物之賈什去半。朝令而夕具。則財物之賈什去九。先王知其然。故不求於萬民而籍於號令也。

山國軌第七十四

管子輕重七

難解故為詳疏而論之亦意逆之耳大

指真……參差自在不求甚解

桓公問管子曰：請問國軌。管子對曰：田有軌，人有軌，用有軌，鄉有軌，人事有軌，幣有軌，縣有軌，國有軌。不通於軌數而欲為國，不可。桓公曰：行軌數柰何？對曰：其鄉田若干，人事之准若干，穀重若干。曰：某縣之人若干，田若干，幣若干而中用，穀重若干而中幣，終歲度人食其餘若干。〔通〕以人軌則得用之數，以田則得穀之數，而因合於幣之數，乃終歲可定也。曰：某鄉女勝事者終歲績其功業若干，以功業直時而櫎古莫反之。〔通〕今吳方言謂計大畧

曰櫎終歲人已衣被之後餘衣若干別羣軌相壤
宜桓公曰何謂別羣軌相壤宜管子對曰有莞蒲
之壤有竹箭檀柘之壤有汜下漸澤之壤有水潦
魚鼈之壤今四壤之數君皆善官而守之則籍於
財物不籍於人畝十畝之壤君不以軌守則民且
守之民有過移長力不以本為得此君失也桓公
曰軌意安出管子對曰不陰據其軌皆下制其上
桓公曰此若言何謂也管子對曰某鄉田若干食
著若干某鄉之女事若干餘衣若干謹行州里曰

田若干。人若干。人衆。田不度食若干。曰田若干。人

食若干。必得軌程。此調之泰軌也。然後調立環乘

之幣(通)環一年而周曰環乘乘法也載也田軌之

有餘於其人食者。謹置公幣焉(通)周禮國服之法

大家衆。小家寡。山田閒田。曰。終歲其食不足於其

人若干。則置公幣焉。以滿其准(通)此有省補之意

重歲豐年。五穀登。謂高田之萌曰。吾所寄幣(通)寄

幣即息幣於子者若干。鄉穀之櫎若干。請爲子什

減三。穀爲上。幣爲下。高田撫閒田(通)以餘補不足

山不被穀十倍山田以君寄幣振其不贍（通）即上滿其准未淫失也高田以時撫於主上坐長加十也（通）與下重加十應此言幣下言穀女貢織帛苟合于國奉者皆置而券之（通）如國服息幣皆出而留券償而還券以鄉穬市准曰上無幣有穀（通）以幣息穀又以穀息幣以穀准幣環穀而應筴國奉決穀反准賦軌幣（通）以國奉決散穀及環穀應而反輸則以數准幣穀廪重有加十謂大家委貲家曰上且修游人出若干幣（通）即上令曰十日而具

之法謂鄰縣曰有實者皆勿左右不贍則且為人馬假其食民鄰縣四面皆櫎穀坐長而十倍上下令曰貲家假幣皆以穀准幣直幣而庚之穀為下幣為上(評)兩相出入上下江南棧積戶質庫賈之廢居也又富人兩頭責一鬣一田大要執法主此兩應曰軌曰環曰乘皆還轉之義百都百縣軌據穀坐長十倍環穀而應假幣國幣之九在上一在下幣重而萬物輕(通)此下又幣物輕重貿市廢箸之法歛萬物應之以幣幣在下萬物皆在上萬物

重十倍府官以市櫎出萬物隆而止。國軌布於未形。據其已成秉令而進退。無求於民。謂之國軌。

桓公問於管子曰。不籍而贍國為之有道乎。管子對曰。軌守其時有官天財。何求於民。桓公曰。何謂官天財。管子對曰。泰春民之功繇（與招反）。泰夏民之令之所止。令之所發。（謂山澤之所禁發、）泰秋民令之所止。令之所發。泰冬民令之所止。令之所發。此皆民所以時守也。此物之高下之時也。此民之所以相并兼之時也。君守諸四務。桓公曰。何謂四務。管子對曰泰春民之且所用者君已廩之矣泰夏民之且所用者君已廩之矣泰秋民之且所用者君已廩之矣泰冬民之且所用者廩藏也言四時人之所要皆先備之所謂耒耜器械種饟糧食必取要焉則豪大賈不得擅其利君已廩之矣泰春功布日春縑衣夏單衣捍寵纍箕勝籯屑糗若干日之功用人若干無貲之家皆假之械器勝籯屑糗公衣功已而歸公衣折券故力出於民而用出於上

評 公器公衣假民以功事甚瑣然一農官司之窮弱免于貸責豪富無所牟擅民貲省而畯功時興

這裡、將作上之械器等物三時三十日冬二十日

重農之大政也王者務之何止伯國無藉于官而大豪專其重矣又無儲于富人而猾賈居其贏矣此與平準相似而利相反也今北方州縣逃移荒蕪田土召民歸業開種官為備牛械子粒給之亦此法春十日不害耕事夏十日不害芸事秋十日不害斂實冬二十日不害除田此之謂時作桓公曰善吾欲立軌官為之奈何管子對曰鹽鐵之筴足以立軌官桓公曰奈何管子對曰龍夏之地上地布黃金九千以幣貲金巨家以金小家以幣周

岐山至於峥丘之西塞丘者山邑之田也布幣稱
貧富而調之周壽陵而東至少沙者中田也據之
以幣巨家以金小家以幣三壤已撫而國穀再什
倍梁渭陽瑣之牛馬滿齊衍請歐之顛齒量其高
壯曰國為師旅戰車歐就斂子之牛馬上無幣請
以穀視市欃而庚子牛馬為上粟二家（適）二家上
巨家小家二家散其粟反准牛馬歸於上（評）具務
布幣假補不足農早作而多功則穀倍矣倍收之
又為設散之穀不滯積牛馬歸賦此政之中有權

民與國兩富兵與食交足也與與利中此為便笶

管子曰請立貲於民有田倍之內毋有其外外皆為貲壤被鞍之馬千乘齊之戰車之具具於此無求於民此去丘邑之籍也（通）千乘戰車之具承上庚牛馬言稼于曰牧于野故田外之貲壤主具馬乘有野之馬乘以損田之兵車是去丘邑而籍于野外也國穀之朝夕在上山林廩械器之高下在上春秋冬夏之輕重在上（通）朝夕高下輕重一為軌之本二為軌之輔三為軌之時時之輕重所以

權朝夕高下為擴調者也行田疇。田中有木者謂之穀賊。宮中四榮樹其餘。曰害女功。〇通男耕女織國之本利故田不有未以無賊穀宮無樹榮以無害功榮樹則庇明女紅于室無見焉宮室器械非山無所仰然後君立三等之租於山曰。握以下者為柴楂把以上者為室奉。三圍以上為棺槨之奉。

〇評柴楂室奉棺槨與莊子祖栻高明麗禪傍同事異詞各成其工柴楂之租若干。室奉之租若干。棺槨之租若干。

管子曰鹽鐵撫軌穀一廩十君常操九民衣食而繇下安無怨咎去其田賦以租其山巨家重葬其親者服重租小家菲葬其親者服小租巨家美脩其宮室者服重租小家為室廬者服小租上立軌於國民之貧富如加之以繩謂之國軌（演）山租已寡矣猶曰山之材同土之毛濫而室廬又甚濫而葬安生送死王者當為民經之又苛之手于仁孝何乃後世之病坊漏澤加春秋遠矣制載徙家無征詩詠行有死殣先王之恩于民如此

（演）山木三等之租以助國田九則之賦也故曰山國軌古山有虞澤有衡獺祭而後漁斧斤以時入乎歲收其租出年則列其禁一國之山川利歸侯名山大澤不封天下之山川利歸天子然則一魚一木掌之上而下無與則後世之魚課山税大寬政矣即木榷之抽亦大寬政矣且榷以征商非于民于津關非于山山林陂蕩聽于自業不亦薄取之極而浩蕩之仁哉井田之法無有也何也田井授而田外無分歲三征而

甲乘在外軍與無時當時之民亦苦矣故常私謂周一國之供足當今一省之半夏稅秋糧歲徭一藝于土其數可稽也而民安生而樂業熙熙已二百五十年故我

祖廓清之功得位之正三代無及也憲典官常之肅賦民之寬三代無有也

山權數第七十五

管子輕重八

桓公問管子曰請問權數管子對曰天以時為權

地以財為權。人以力為權。君以令為權。失天之權則人地之權亾。桓公曰。何謂失天之權。則人地之權亾。管子對曰湯七年旱。禹五年水。民之無糧賣子者。湯以莊山之金鑄幣。而贖民之無糧賣子者。禹以歷山之金鑄幣。而贖民之無糧賣子者。故天權失。人地之權皆失也。故王者歲守十分之參。三年與少半。成歲三十一年而藏十一年。與少半。藏參之一。不足以傷民。而農夫敬事力作。故天毀埊。凶旱水泆。民無入於溝壑乞請者也。此守時以待天權之道也。桓公曰：善。吾欲行三權之數，爲之柰何？管子對曰：梁山之陽綪千見反絤夜石之幣，天下無有。管子曰：以守國穀，歲守一分，以行五年，國穀之重什倍異日。管子曰：請立幣，國銅以二年之粟顧之，立黔落，力重與天下調。通黔落難解，意古謂民黔首，是爲民立村落也。乃量定力之重，與天下調。彼重則見射，輕則見泄，故與天下調。泄者失權也，見射者失筴也。不備天權，下相求備，准下陰相隸。通下相求備准下陰相隸，若廢著之賈居積于下以陰要民之急而隸役之此刑罰之所起而亂之之本也故平則不平（通）操權輕重以調天下均輸上收居利下無陰隸此以不平也無權而平則不平矣民富則不如貧委積則虛矣此三權之矣也已桓公曰守三權之數奈何管子對曰大豐則藏分阨亦藏分桓公曰阨者所以益也何以藏分管子對曰隘則易益也一可以為十十可以為百以阨守豐阨之准數一上十豐之策數十去九則吾九為餘於數（通）易益廢居之子息也以阨守

豐以阨之羸守豐之賤兩質相徵而九常餘一上十當㠯而阨穀一而上十藏分于幣十去九當豐而饒穀十而去九藏分于穀筴。豐則三權皆在君此之謂國權。

桓公問於管子曰。請問國制。管子對曰。國無制地有量。桓公曰。何謂國無制地有量。管子對曰。高田十石。閒田五石。庸田三石。其餘皆屬諸荒田。地量百畝。一夫之力也。粟賈一。粟賈十。粟賈三十。粟賈百。其在流筴者。百畝從中千畝之筴也。（適）賈一賈十貫三十貫百是上一可爲十十可爲百也故曰流筴流變易無常也故百畝從千畝如是則百乘之國比千千比萬然則百乘從千乘也千乘從萬乘也。故地無量。國無筴。桓公曰善。今欲爲大國大國欲爲天下。不通權筴。其無能者矣。

桓公曰。今行權奈何。管子對曰。君通於廣狹之數。不以狹畏廣。通於輕重之數。不以少畏多。此國筴之大者也。桓公曰善。蓋天下視海內。長譽而無止。爲之有道乎。管子對曰。有。曰軌守其數。准平其流。

動於未形而守事已成（演）准乎其流史記名書取此一國所流可通隣傾調之天下一家將誰調乎動未形而守已成第國自爲賈以政爲決塞乎准乃使天下貴賤運輸而官市輓載之費不空天下乎又無地不驗轉無月不貿遷天下不可以一國之治治也物一也而十是九爲用徐疾之數輕重之筴也一可以爲十十可以爲百引十之半而藏四以吾操事在君之決塞桓公曰何謂決塞管子曰君不高仁則國不相被君不高慈孝則民簡其

親而輕過與亂之至也則君請以國筴十分之一者樹表置高鄉之孝子聘之幣孝子兄弟衆寡不與師旅之事樹表置高而高仁慈孝財散而輕乘輕而守之以筴則十之五有在上運五如行事如日月之終復（通）仁慈孝之表樹高置國胥勸爲仁務相愛而交往慈務厚業其子孫孝務竭事其父毋故物之用知而上乘權以守筴常決運其半以下通塞藏其半以上豫年決年塞年出入往來如日月終復此長有天下之道謂之准道

桓公問於管子曰請問教數（演）古王之治曰既富方穀有財有用故穀幣已盈則有道以用之因用而教之樹表置高以興孝慈民乃勸行黃金直食以獎農蠶民乃勤業一馬田一金衣以道官技民乃趨時趨時養之務也勤業養之數也勸行教之成也此以務財而足國獨上壅之哉與民而俱足與民而俱善古之善理財將以善民是用故國上下共之也足國上下善之也此謂執守數惟平流泉府之道故曰決塞塞不決泉不流泉不流壅而

擅盈盈必大溢壅必大潰上浔尽也乎故後世之言興利富其君不富其國無國君誰守無敎富俞為禍焉言于管氏而失其半者也雖然吾猶謂管氏人也如其仁不至此仁利天下者也有太公無小權管子對曰民之能明於農事者置之黃金一斤直食八石民之能蕃育六畜者置之黃金一斤直食八石民之能樹蓺者置之黃金一斤直食八石民之能樹瓜瓠葷菜百果使蕃袞者置之黃金一斤直食八石民之能已民疾病者置之黃金一

斤直食八石。民之知時。曰歲且阨。曰某穀不登。曰某穀豐者。置之黃金一斤。直食八石。民之通於蠶桑使蠶不疾病者。皆置之黃金一斤。直食八石。謹聽其言而藏之官。使師旅之事無所與。此國筴之者也。國用相靡而足。相困揲而簪。然後置四限高下。令之徐疾。敺屏萬物。守之以筴。有五官技。桓公曰。何謂五官技。管子曰。詩者所以記物也。時者所以記歲也。春秋者所以記成敗也。行者道民之利害也。易者所以守凶吉成敗也。卜者卜凶吉利害也。民之能此者皆一馬之田。一金之衣。此使君不迷妄之數也。六家者即見其時使豫先蚤閑之日受之。故君無失時無失策萬物興豐無失利遠占得失以為末教。詩記人無失辭行彈道無失義易守禍福凶吉不相亂此謂君棅。筆永反說反與柄同 通上五

官技下六家易卜二家當為一官

桓公問於管子曰。權棅之數吾已得聞之矣。守國之固奈何。曰。能皆已官時皆已官得失之數萬物之終始。君皆已官之矣。其餘皆以數行。桓公曰。何

謂以數行管子對曰穀者民之司命也智者民之輔也民智而君愚下富而君貧下貧而君富此之謂事名二國機徐疾而已矣君道度法而已矣人心禁繆而已矣（許）國機三言奇體亦奇以疾徐完上以度法禁繆引下此文家隱脉周以下無矣桓公曰何謂度法何謂禁繆管子對曰度法者量人力而舉功禁繆者非往而戒來故禍不萌通而民無患咎

桓公曰請聞心禁管子對曰晉有臣不忠於其君

慮殺其主。謂之公過。諸公過之家。毋使得事君。此晉之過失也。齊之公過坐立長差惡惡乎來刑善善乎來榮。戒也。此之謂國戒。（演）非往而戒來以刑禁也。刑禁者華面不華心，故問心禁一刑一榮一塞之一導之，庶其四心哉。要以政也，不如聖人言德禮

桓公問管子曰：輕重准施之矣。策盡於此乎？管子曰：未也。將御神用寶。（演）御神用寶，從鄉穀物正號令，國機徐疾之極策也。下矣古先王置幣行貝神

設寶龜雖有利用之妙權要主前民而通務以布
為天下公也寧有陰陽其術矯假其用收一波臣
東海之子而僞寵以籠富人之貲是盜也盜心上
盜行次則伯者而跖蹻之不若我禺氏玉汝漢金
赤野珠天下寶之用之上為託重而致御可耳一
掘闕之介而檢數百里之地其誰信之其虛言與
侯有守家不藏文仲山藻以居為重卜也故曰大
人之器威敬神之也未聞無貲數百里桓公曰何
謂御神用寶管子對曰北郭有掘闕而得龜者（掘穿）

也求物反穿地至泉曰䦧求月反此檢數百里之地也。檢猶比也以此龜爲用者其數可比百里之地桓公曰何謂得龜百里之地管子對

曰北郭之得龜者令過之平盤之中。令力呈反過之猶置之也平盤者大盤也君請起十乘之使百金之提。起發也提裝也使色吏反

命北郭得龜之家曰賜若服中大夫。若汝也中大夫齊爵也

曰東海之子類於龜。東海之子其狀類龜假言此龜東海之子耳東海之子者海神之子也託舍於若。託舍猶寄居也賜若大夫之服以終而

身。而若也勞若以百金。勞賜也之龜為無貲。之是也是龜至貴而無貲也無貲無價也而藏諸泰臺。泰臺高臺也一日而釁之以四

牛。立寶曰無貲。立龜為寶號曰無貲還四年。伐孤竹。還四年後四年丁氏之家粟。丁氏齊之富人所謂丁惠也可食三軍之師行五月。食音嗣下以意取行五月經五月㊂通行五月丁氏粟足可共三軍五月食也下文應明乃丁氏而命之曰。吾有無貲之寶於此。吾今將有大事。請以寶為質於子。音致下皆同以假子之邑粟。即家粟也丁氏北鄉再拜入粟。不敢受寶質。桓公命丁氏曰。寡人老矣。為子者不知此數。終受吾質。丁氏歸。革築室。賦籍藏龜。革更也賦敷也籍席也才夜也還四年。伐孤竹。謂丁氏之粟中食三軍五月之食桓公立貢數文行中七年。(通)七年貢數也龜中四千金黑白之子當千金凡貢制中二。齊之壤筴也。用貢國危出寶國安行流。(通)中二猶什二什二之取盡於貧民則壤有限而國危神其寶取富家以助筴則貨行流而國安桓公曰何謂流管子對曰物有豫則君失筴而民失生矣故善爲天下者操於二豫之外桓公曰何謂二豫之外管子對曰萬乘之國不可以無萬金之蓄飾千乘之國不可以無千金之蓄飾百乘之國不可以無百金之蓄飾。以此與令進退。通蓄飾者以寶蓄而以蹄飾所謂與令進退也上之所好下必甚焉高譬服紮皆令之權貴也貴蓄而令飾上曰萬金下有倍焉矣進退乘時貴則退之賤又進之賈術盜心而愚民者也可醜哉此之謂乘時。通下文重之相因時之化舉乘時之法也

山至數第七十六

管子輕重九

桓公問管子曰。梁聚謂寡人曰。古者輕賦稅而肥

趙。倳音恣。立事曰倳

籍斂取下無順於此者矣。梁聚之言何如。管子對曰。梁聚之言非也。彼輕賦稅則倉廩虛。肥籍斂則械器不奉。械器不奉。而諸侯之皮幣不衣。倉廩虛則倳賤無祿。外皮幣不衣於天下。內國倳賤。梁聚之言非也。君有山。山有金以立幣。以幣准穀而授祿。故國穀斯在上。穀賈什倍。農夫夜寢蚤起。不待見使。五穀什倍。士半祿而死君。(通)肥籍斂是積貨于無用。故商工不適。而械器缺。皮幣不來。輕賦稅則穀貯少。而在官之倳士無祿。山金立幣。准穀而授于下則籍之肥流而穀之貯壅壅則穀貴農勸作而不使流則幣行士得禄而效死半禄者幣准穀而穀倍穀之息增半是幣之禄止得直半也農夫夜寢蚤起。力作而無止。彼善為國者。不曰使之。使不得不使。不曰貧之。使不得不用。(通)不得不使農作勤也不得不用公幣行也幣行則貨通不籍歛而足農勤則穀多不輕賦而富故使民無有不得不使者。夫梁聚之言非也。桓公曰善。

桓公又問於管子曰。有人敎我謂之請士曰。何不官百能。管子對曰。何謂百能。桓公曰。使智者盡其智。謀士盡其謀。百工盡其巧。若此則可以為國乎。管子對曰。請士之言非也。祿肥則士不死。幣輕則士簡賞。萬物輕則士偷幸。三怠在國。何數之有。彼穀十藏於上。三游於下。謀士盡其慮。智士盡其知。勇士輕其死。請士所謂妄言也。通十藏三游上握穀之重以御農藏穀祿幣上握幣之重以御士故農與士皆不偷幸謀智勇之盡非外于官百能也穀貴則農之外無食而官竭能以要君祿是我以輕重勸其官能乃可官不通於輕重謂之妄言。

桓公問於管子曰昔者周人有天下諸侯賓服名教通於天下而奪於其下何數也管子對曰君分壤而貢入市朝同流黃金一筴也江陽之珠一筴也秦之明山之曾青一筴也此謂以寡為多以狹為廣軌出之屬也。(通)以其壤貢三筴襍之輕重而物與穀高下准軌以出市朝同流即平准之法也朝操毋而市流子市償子而朝又操毋一輕重決塞之間而利筴在上大夫賈入無所竊權而自肥

矣桓公曰天下之數盡於軌出之屬也（通）問止此
今國穀重什倍而萬物輕大夫謂賈之子爲吾運
穀而斂財穀之重一也今九爲餘穀重而萬物輕
若此則國財九在大夫矣國歲反一財物之九首
皆倍重而出矣財物在下幣之九在大夫然則幣
穀羨在大夫也天子以客行令以時出熟穀之人
亡諸侯受而官之連朋而聚與高下萬物以合民
用內則大夫自還而不盡忠外則諸侯連朋合與
熟穀之人則去亡故天子失其權也桓公曰善（通）

諸侯之賈旅至王畿皆客也以時運幣而出市穀穀空而農飢則亡是天子四出穀而使諸侯受而官聚之以居廩高下合民用而牟利則天子不自權而諸侯竊權也上之大夫以幣穀之羨自還利以饒而不忠此之諸侯受其出以朋合而相與為利內之熟穀之農窮而亡由天子不知權而下收其失是以名敎通而奪於下周之衰以此

桓公又問管子曰。終身有天下而勿失。為之有道乎管子對曰。請勿施於天下、獨施之於吾國。桓公曰。與若言何謂也。管子對曰。國之廣狹。壤之肥墝有數。終歲食餘有數。彼守國者守穀而已矣。許景公之庸昏猶知曰有粟得而食諸與伯之君卿曰守國守穀而已矣鉅橋何以爲人散敖倉何以爲人守七國任地富國之士用計然白圭之筴而託于管者徒爲青苗階厲曰。其縣之壤廣若干。其縣之壤狹若干。國之廣狹肥墝人之所食多少其數君素皆知之則必積委幣。委蓄也各於縣州里蓄積錢幣所謂萬室之邑必有萬鍾之藏藏繈千萬千室之邑必有千鍾之藏藏繈百萬於是縣州里受公錢。公錢即積委之幣泰秋國穀去參之一。去減也丘呂反君下令謂郡縣屬大夫里邑皆籍粟入若干。穀重一也以藏於上者。一其穀價以收藏之國穀參分則二分在上矣。言先貯幣於縣邑當秋時下令收糴也則魏李悝行平糴之法上熟糴三捨一中熟糴二捨一下熟中分之盖出於此令言去三之一者約中熟為准耳泰春國穀倍重數也。泰夏賦穀以市櫎。古莫反民皆受上穀以治田土。泰秋田穀之存予者若干。今上斂穀以幣。民曰無幣。以穀。則民之三有歸於上矣。言當春穀貴之時計其價以穀賦與人秋則斂其幣雖設此令本意收其穀入既無幣請輸穀故歸於上重之相因時之化舉無不為國筴。重之相因若春時穀貴與穀也時之化舉若秋時穀賤收穀也因時之輕重無不以術權之君用大夫之委以流歸於上。君用民以時歸於君藏輕出輕以重數也。則彼安有自還之大夫獨委之。通君據国筴藏輕出輕而民穀歸所謂十歲于上三游于下也故大夫之委不得用賈斂財國有餘蓄而家無擅厚亦倣國服而權行太甚耳觀田氏之私量公量孟嘗之收責市義當時之大夫自還取羨多有之且以盜國背君況于利筴乎彼諸侯之穀十。使吾國穀二十。則諸侯穀歸吾國矣。諸侯穀二十吾國穀十則吾國穀歸於諸侯矣故善爲天下者謹守重流（重流謂嚴守穀價不使流散）通重之相歸如水之就下吾國之價重天下之賈望而流矣故曰守重流此後世救荒第一法昧者閉糴定價不旬而蹶竟內之粟幾何不如高價而通糴予上戊申救荒議曰四方之賈不召而如流則四竟之穀不定而自平矣而天下不吾洩矣（洩散也吾穀不散出）彼重之相歸如水之就下吾國歲非凶也以幣藏之故國穀倍重故諸侯之穀至也是藏一分以致諸侯之一分利不奪

於天下。大夫不得以富侈以重藏輕。句國常有十國之策也。故諸侯服而無正。臣檳從而以忠。此以輕重御天下之道也。謂之數應。

桓公問管子曰。請問國會。管子對曰。君失大夫為無伍。失民為失下。故守大夫以縣之策。守一縣以一鄉之策。守一鄉以一家之策。守家以一人之策。

桓公曰。其會數奈何。管子對曰。幣准之數。一縣必有一縣中田之策。一鄉必有一鄉中田之策。一家必有一家直人之用。故不以時守郡為無與。不以時守鄉爲無伍。桓公曰。行此奈何。管子對曰。王者藏於民。霸者藏於大夫。殘國亾家藏於篋。

(演)殘國亾家藏於篋理財之至言也棧臺之錢鹿臺之布一朝而令散豈不大賚之王政哉顧散所以爲何王者喻于仁霸國喻于利穀輕上擴穀重下散積分而得半幣擴易穀幣布減穀又積分而得半二歲而倍三是計范之計心所不及而悝圭之口所不屑道也王者三十年之通量之式三而餘一而此以二歲收十年之積以節于國者奪于民民輸

以得贏久以得剝外以得貼內以得斂上何其巧
而下何愚終歲之穡有計一夫之作有計以有計
當剝斂之無窮幾十年民其斃矣為此術者為夫
世家鉅賈之秉權廢居之厚曰同息乎下策之不
如上策之然而以時糶不若以時補貼也是先王
之無心于利也上無心于利利歸民矣上有心于
利利掊上矣夫棧臺鹿臺為貸家之出毋權乎散
之道以聚損之道以益又不如長乎毋存而子輕
民利國亦利桓公曰何謂藏於民請散棧臺之錢

散諸城陽鹿臺之布。散之濟陰。君下令於百姓曰。民富君無與貧。民貧君無與富。故賦無錢布。府無藏財。貲藏於民。歲豐五穀登。五穀大輕。穀賈去上歲之分。以幣據之。穀為君。幣為下。國幣盡在下。幣輕穀重。上分上歲之二分在下。下歲之二分在上。則二歲者四分在上。則國穀之一分在下。穀三倍重。邦布之籍。終歲十錢。人家受食十畝加十。是一家十戶也。出於國穀筴而藏於幣者也。通 穀輕散幣而據穀。穀重籍錢而散穀。以國幣之分復布百𨛽四減國穀。三在上。一在下。復筴也。(通)以上歲之穀輕賈去分當下之重賈益分以幣准執是上之二分下之四分也藏蓄各半故二分下二分上二歲而四上一下則三倍重矣此以賈擴穀者也布征之籍戶歲十錢十畝加十為一戶百畝加百為十戶准十戶一家之分出穀以散而斂幣以藏歲而復布幣重則穀減此以幣執穀者也上常操穀幣之權輕重為散收之通上下故常三上而一下曰復筴明歲復准今歲大夫聚壤而封。積實而驕上請奪之以會。桓公曰：何謂奪之以會？管子對曰：粟之三分在上，謂民萌皆受上粟，度君藏焉。五穀相靡而重去什三，為餘以國幣穀准反行，大夫無什於重，君以幣賦祿。㊟禁大夫無什於重而君自出穀以幣賦祿而以大夫祿為出是云奪之以會也什在上，君出穀什而去七，君歛三，上賦七。㊟歛三賦七正是什而去七什三為餘也散振不資着仁義也。五穀相靡而輕數也，以鄉完重而籍國數也，出實財散仁義，萬物輕數也，乘時進退。故曰王者乘時。聖人乘易。桓公曰善。

桓公問管子曰。特命我曰。天子三百領泰奢而散。

㊟通 三百字不可解大意主去泰務奢而散財於民謂不爭民利也即墨氏之道仲以大夫分當高其壟美其室一以奢為務則農事市庸無所爭利而女織糸埋之地而已大夫准此而行。此如何。

管子曰。非法家也。大夫高其壟美其室。此奪農事及市庸。此非便國之道也。民不得以織為縿綃而貍之於地。彼善為國者。乘時徐疾而已矣。謂之國會。

桓公問管子曰。請問爭奪之事何如。管子曰。以戚始。桓公曰。何謂用戚始。管子對曰。君人之主弟兄十人。分國為十。兄弟五人。分國為五。三世則昭穆同祖。十世則為祏。故伏尸滿衍。兵決而無止。輕重之家。復游於其間。（通）戚公子卿大夫之家也。上言大夫之委。大夫重藏輕國皆主出責。所謂輕重之家游於其間也。唯軍興為甚。史楚漢之任氏。吳楚七國之無鹽。皆以此起家者。故伏尸兵決。輕重家擅其息矣。故曰毋予人以壞。毋授人以財。財終則有始與四時廢起（適）財終有始與四時廢起廢居之家以此爲射利而擅贏令富人大賈穀冬居夏出絲夏居秋出其行貴細民亦依爲法曰兩頭帳聖人理之以徐疾守之以決塞奪之以輕重行之以仁義故與天壤同數此王者之大轡也

桓公問管子曰請問幣乘馬管子對曰始取夫三大夫之家方六里而一乘二十七人而奉一乘幣乘馬者方六里田之美惡若干穀之多寡若干穀之貴賤若干凡方六里用幣若干穀之重用幣若

干。適用若干平價也重用若干荒年價也故幣乘馬者布幣於國幣為一國陸地之數謂之幣乘馬桓公曰行幣乘馬之數柰何即臣乘馬所謂筴乘馬者臣猶實也筴者以幣為筴而淺重射輕管子對曰士受資以幣大夫受邑以幣人馬受食以幣則一國之穀資在上幣貲在下國穀什倍數也萬物財物去什二筴也皮革筋角羽毛竹箭器械財物苟合于國器君用者皆有矩[illegible]於上矩券常券君實鄉州藏焉周制萬二千五百為鄉二千五百家為黨[illegible]曰某月某日苟從責者責讀為債鄉決州決故曰就庸一日而決。（通）以幣易穀什倍又易財物什二皮革等物是也藏於鄉州民用假于上出之為責矩券之藏從責之決穀物皆然當其用也定之以日鄉州各決藏散給之民就而庸之一日而所決畢國筴出於穀軌國之筴貸幣乘馬者也

貲價也言應合受公家之所給皆與之幣則穀之價君上權之其幣在下故穀倍重其有皮革之類堪於所用者所在鄉州有其數若今官曹簿帳人有負公家之債若來郡種粮之類者官司如要器用若皮革之類者則與其准納如要功庸者令就役一日除其簿書耳此蓋君上一切權之也詳輕重之本旨摧抑富商兼并之家隘塞利門令刀布則與奪貧富悉由號令然可易為理也

藏於官府巧幣萬物輕重皆在賈之彼幣重而萬物輕幣輕而萬物重彼穀重而穀輕人君操穀幣

天下可定也此守天下之數也

桓公問於管子曰准衡輕重國會吾得聞之矣請問縣數管子對曰狼牡以至於馮會之日龍夏以北至于海莊禽獸羊牛之地也何不以此通國筴哉桓公曰何謂通國筴管子對曰馮市門一吏書贅直事若其事唐圉牧食之人養視不失扞殂者去其鄉秩與其縣秩（通）直事若事所以省勸圉牧

獸人之養也養事勤而息則直多少則減之疏瘦稱事養視乃不失牧乃蕃息扞殂羸死之罰去鄰縣之秩奪其職也此以苑地課牧之法牧盛畜多始以游祠通大夫列民之用牢筴通而國筴乃通矣大夫家合游無時列民則春秋二社兩幽所以異也大夫不鄉贅合游者謂之無禮義大夫幽其春秋列民幽其門山之祠馮會龍夏牛羊犧牲月賈十倍異日。通 合游如社會釀飲之類燕會之費與山祠牲牢踊倍國筴因通焉大夫時會列民二社會不會者幽幽或當時之罰也此與諸禮義籍於無用之地因捫牢筴也謂之通評漢禁三人羣飲君子以為苛與通筴合游又無濫乎不以儉示而以侈淫一時之權非國法也乎仲之不揜豆信乎恥盈禮哉

桓公問管子曰請問國勢管子對曰有山處之國有氾下多水之國有山地分之國有水泆之國有漏壤之國此國之五勢人君之所憂也山處之國常藏穀三分之一氾下多水之國常操國穀三分

之一。山地分之國常操國穀十分之三。水泉之所傷。水泆之國常操十分之二。漏壤之國。謹下諸侯之五穀。與工雕文梓器以下天下之五穀。此准時五勢之數也。

(通)漏壤比于童土矣下鄰穀以濟不給于本而工末末器之貿可來天下之穀與因地勢而設權救也

桓公問管子曰。今有海內縣諸侯。則國勢不用已乎。管子對曰。今以諸侯爲筦。公州之飾焉。以乘四時。行捫牢之筴。以東西南北相彼。用平而准。故曰為諸侯則高下萬物以應諸侯。徧有天下則賦幣以守萬物之朝夕調而已。通 高下萬物或重穀重幣以傾鄰而游流守朝夕調則天下一家無所庸傾為廢居乘時以調耳利有足則行。不滿則有止。王者鄉州以時察之。故利不相傾。縣死其所。君守大奉一。謂之國簿。

管子榷卷第二十三

唐司空房　玄齡　註

明道民朱　長春　榷

地數第七十七

管子輕重十

桓公曰。地數可得聞乎。管子對曰。地之東西二萬八千里。南北二萬六千里。其出水者八千里。受水者八千里。出銅之山四百六十七山。出鐵之山三千六百九山。此之所以分壤樹穀也。戈矛之所發刀幣之所起也。能者有餘。拙者不足。封於泰山禪於梁父。封禪之王七十二家。得失之數皆在此内。是謂國用。桓公曰。何謂得失之數皆在此。管子對曰。昔者桀霸有天下而用不足。湯有七十里之薄而用有餘。天非獨為湯雨菽粟。而地非獨為湯出財物也。伊尹善通移輕重。開闔決塞。通於高下徐疾之筴。坐起之費時也。黄帝問於伯高曰。吾欲陶天下而以為一家。為之有道乎。伯高對曰。請刈其莞而樹之。吾謹逃其蚤牙。則天下可陶而為一家。黃帝曰。此若言可得聞乎。伯高對曰。上有丹沙者。下有黃金。上有慈石者。下有銅金。上有陵石者。下有鉛錫赤銅。上有赭者。下有鐵。此山之見榮者也。苟山之見其榮者。君謹封而祭之。距封十里而為一壇。是則使乘者下行。行者趨。若犯令者罪死不赦。然則與折取之遠矣。修教十年。而葛盧之山發而出水。金從之。蚩尤受而制之。以為劍鎧矛戟。是歲

相兼者諸侯九雍狐之山發而出水金從之蚩尤受而制之以為雍狐之戟芮戈是歲相兼者諸侯十二故天下之君頓戟一怒伏尸滿野此見戈之本也

桓公問於管子曰請問天財所出地利所在管子對曰山上有赭者其下有鐵上有鉛者其下有銀一曰上有鉛者其下有鉒銀上有丹沙者其下有鉒金上有慈石者其下有銅金此山之見榮者也苟山之見榮者謹封而為禁有動封山者罪死而

不赦有犯令者左足入左足斷右足入右足斷然則其與犯之遠矣此天財地利之所在也桓公問於管子曰以天財地利立功成名於天下者誰子也管子對曰文武是也桓公曰此若言何謂也管子對曰夫玉起於牛氏邊山金起於汝漢之右洿珠起於赤野之末光此皆距周七千八百里其涂遠而至難故先王各用於其重珠玉為上幣黄金為中幣刀布為下幣令疾則黄金重令徐則黄金輕先王權度其號令之徐疾高下其中幣而制下

上之周。則文武是也。

桓公問於管子曰。吾欲守國財而毋稅於天下。而外因天下可乎。管子對曰。可。夫水激而流渠。令疾而物重。先王理其號令之徐疾。內守國財而外因天下矣。桓公問於管子曰。其行事柰何。管子對曰。夫昔者武王有巨橋之粟。貴糴之數。（武王既勝殷得巨橋粟欲使糴貴巨橋倉在今廣平郡曲周縣也）桓公曰。為之柰何。管子對曰。武王立重泉之戍。（戍名也假設此戍名欲人憚令役而競收粟也重丈恭反）曰。民自有百鼓之粟者不行。（穀十二斛也）(通)開散巨橋矣不聞以市繒帛衡黄金也百鼓之粟不行聖王為術愚民而漁之乎其不然與言利挾數之家自為説可如之何重言以誣聖民舉所最粟舉盡也最聚也子外反以避重泉之戍而國穀二什倍巨橋之粟亦二什倍武王以巨橋之粟二什倍而市繒帛軍五歲毋籍衣於民以巨橋之粟二什倍而衡黄金百萬衡平也終身無籍於民準衡之數也

桓公問於管子曰今亦可以行此乎管子對曰可

夫楚有汝漢之金齊有渠展之鹽燕有遼東之煮

此三者亦可以當武王之數。十口之家。十人咶鹽。百口之家。百人咶鹽。凡食鹽之數。一月。丈夫五升少半。婦人三升少半。嬰兒二升少半。鹽之重。升加分耗而釜五十。升加一耗而釜百。升加十耗而釜千。君伐菹薪。煮沸水為鹽。正而積之三萬鍾。至陽春。請籍於時。桓公曰。何謂籍於時。管子曰。陽春農事方作。令民毋得築垣牆。毋得繕冢墓。丈夫毋得治宮室。毋得立臺榭。北海之衆。毋得聚庸而煮鹽。然鹽之賈必四什倍。君以四什之賈。修河濟之流南輸梁趙宋衛濮陽。惡食無鹽則腫。守圉之本其用鹽獨重。君伐菹薪煮沸水以籍於天下。然則天下不減矣。（通）主毋聚傭煮鹽先以垣墻四者懸民而行権也法術之家必矯于権附于正以行其私耑以私禁民起争之矣管氏内政寄軍本陰術也故後人以其陰託之

桓公問於管子曰。吾欲富本而豐五穀可乎。管子對曰。不可。夫本富而財物衆不能守。則稅於天下。五穀興豐巨錢而天下貴。則稅於天下。然則吾民

常為天下虜矣夫善用本者若以身濟於大海觀風之所起天下高則高天下下則下天高我下則財利稅於天下矣

桓公問於管子曰事盡於此乎管子對曰未也夫齊衢處之本通達所出也游子勝商之所道人求本者食吾本粟因吾本幣騏驥黃金然後出令有徐疾物有輕重然後天下之寶壹為我用善者用非有使非人

揆度第七十八

輕重十一

（評）散散叙次文議俱有可觀潛而奇簡而辨周

禮之下大戴之上

齊桓公問於管子曰自燧人以來其大會可得而聞乎管子對曰燧人以來未有不以輕重爲天下也共工之王帝共工氏繼女媧有天下水處什之七陸處什之三乘天勢以隘制天下至於黄帝之王謹逃其爪牙不利其器藏秘鋒芒不以示人行機權之道使人日用而不知燒山林破增藪焚沛澤沛大澤也一說水草兼處曰沛逐禽獸實以益人然

後天下可得而牧也。至於堯舜之王。所以化海內者北用禺氏之玉。禺氏西北戎名玉之所出南貴江漢之珠。其勝禽獸之仇。㊀通勝禽獸虞人獵戶能勝執之者下亦言猛獸勝於外謂珠玉之外兼用皮幣故並舉之仇與下親戚之仇應以大夫隨之。勝猶益也禽獸之仇者使其逐禽獸如從仇讎也以大夫隨之者使其大夫散邑粟財物隨山澤之人求其禽獸之皮桓公曰。何謂也。管子對曰。令諸侯之子將委質者。諸國君之子若衛公子開方魯公子季友之類皆以雙武之皮。雙虎之皮以爲裘㊀通有君右虎裘公子虎裘未聞裘何必言雙旅幣有

虎豹之皮雙武之皮其為庭實耶委質如委贄耶

卿大夫豹飾。卿大夫上大夫也袖謂之飾列大夫豹幨。列大夫中大夫也襟謂之幨音昌詹反大夫散其邑粟與其財物以市虎豹之皮。故山林之人刺其猛獸。刺音七亦反若從親戚之仇。此君冕服於朝而猛獸勝於外。大夫已散其財物。萬人得受其流。此堯舜之數也。言堯舜嘗用此數

評古衣皮庶人質裘士大夫以上文裘犬羊賤豹狐羔虎貴物有定價習有故然玉珠之貴于金亦數也天之生物數不齊而謂堯舜用數乎大誣聖矣物

異而少必貴多而常必賤貴者領賤賤者從貴物本然用隨於人亦然以珠玉皮幣貴為輕重數也則五穀米麻之於麥菽亦聖人數乎哉

桓公曰事名二正名五而天下治何謂事名二對曰天筴陽也壤筴陰也此謂事名二何謂正名五對曰權也衡也規也矩也准也此謂正名五其在色者青黃白黑赤也其在聲者宮商羽徵角也其在味者酸辛鹹苦甘也二五者童山竭澤人君以數制之人味者所以守民口也聲者所以守民耳

也。邑者所以守民目也。人君失二五者亡其國。大夫失二五者亡其勢。民失二五者亡其家。此國之至機也。謂之國機。通凡天產陽地產陰為二金木水火土為五七者人之取財用盡矣故曰二五童山竭澤上無以制之天地不足以共故以數制謂國機

輕重之法曰。自言能為司馬。不能為司馬者殺其身以釁其鼓。自言能治田土。不能治田土者殺其身以釁其社。自言能為官。不能為官者劓以為門

父。故無敢姦能誣祿至於君者矣。故相任寅為官都重門擊柝不能去。亦隨之以法。

桓公問於管子曰。請問大准。管子對曰。大准者。天下皆制我而無我焉。此謂大准。桓公曰。何謂也。管子對曰。今天下起兵加我。臣之能謀厲國定名者。割壤而封。臣之能以車兵進退成功立名者。割壤而封。然則是天下盡封君之臣也。非君封之也。天下已封君之臣十里矣。天下每動重封君之民二十里。君之民非富也。鄰國富之。鄰國每動重富之民。貧者重貧。富者重富。大准之數也。桓公曰。何謂也。管子對曰。令天下起兵加我。民棄其耒耜。出持戈於外。然則國不得耕。此非天凶也。此人凶也。君朝令而夕求具。民肆其財物。與其五穀為讎。厭

(通)讎厭售而足數而去。賈人受而廩之。然則國財之一分在賈人。師罷。民反其事。萬物反其重。賈人出其財物。國幣之少分廩於賈人。若此。則幣重三分。財物之輕重三分。賈人市於三分之間。國之財物盡在賈人。而君無筴焉。(通)漢吳筴反。無鹽氏一

歲息十倍乘於兵加之數也民更相制。君無有事焉。此輕重之大准也。管子曰人君操本。民不得操末。人君操始。民不得操卒。(通)操本操始上專守利之本始則末流之重能以輕救之故民不得爭末卒之利矣其在涂者。籍之於衢塞。(通)在涂衢塞後之關榷本此立賈而行君衡其賈也其在穀者守之春秋。其在萬物者。立賈而行。故物動則應之。故豫奪其涂。則民無遵。君守其流。則民失其高。故守四方之高下。國無游賈。貴賤相當。此謂國衡。以利相守則數歸於君矣。

管子曰：善正商任者省有肆，省有肆則市朝閒，市朝閒則田野充，田野充則民財足，民財足則君賦歛焉不窮。今則不然，民重而君重，重而不能輕；民輕而君輕，輕而不能重。天下善者不然，民重則君輕，民輕則君重，此乃財餘以滿不足之數。故凡不能調民利者，不可以為大治；不察於終始，不可以為至矣。動左右以重相因，二十國之筴也。通左右即陰陽，即貴賤之數，持其輕而以重相因則利常倍鹽鐵。二十國之筴也。錫金。二十國之筴也。五官之數。不籍於民。

桓公問於管子曰。輕重之數惡終。管子對曰。若四時之更舉。無所終。國有患憂。輕重五穀以調用。積餘臧羨以備賞。（通）輕重五穀以調用則賈不得市三分之間積餘臧羨以備賞則天下不得重封天下賓服有海內。以富誠信仁義之士。故民高辭讓無為奇怪者。彼輕重者。諸侯不服。以出戰。諸侯賓服。以行仁義。

管子曰一歲耕五歲食粟賈五倍一歲耕六歲食粟賈六倍二年耕而十一年食夫富能奪貧能予乃可以為天下直天下者處茲行茲若此而天下可壹也夫天下者使之不使用之不用故善為天下者毋曰使之使不得不使毋曰用之用不得不用也

管子曰善為國者如金石之相舉重鈞則金傾故治權則勢重治道則勢羸今穀重於吾國輕於天下則諸侯之自泄如原水之就下故物重則至輕

則去有以重至而輕處者我動而錯之天下即已於我矣物藏則重發則輕散則多幣重則民死利幣輕則決而不用故輕重調於數而止

五穀者民之司命也刀幣者溝瀆也號令者徐疾也令重於寶社稷重於親戚胡謂也對曰夫城郭拔社稷不血食無生臣親沒之後無死子此社稷之所重於親戚者也故有城無人謂之守平虛有人而無甲兵而無食謂之與禍居

桓公問管子曰吾聞海內玉幣有七筴可得而聞

乎。管子對曰。陰山之礝碈。一筴也。燕之紫山白金。一筴也。發朝鮮之文皮。一筴也。汝漢水之右衢黃金。一筴也。江陽之珠。一筴也。秦明山之曾青。一筴也。禺氏邊山之玉。一筴也。此謂以寡為多。以狹為廣。天下之數盡於輕重矣。

桓公問於管子曰。陰山之馬具駕者千乘。馬之平賈萬也。金之平賈萬也。吾有伏金千斤。為此奈何。管子對曰。君請使與正籍者。皆以幣還於金。吾至四萬。此一為四矣。吾非埏埴搖鑪橐而立黃金也今黄金之重一為四者數也。珠起于赤野之末光。黄金起於汝漢水之右衢。玉起於禺氏之邊山。此度去周七千八百里。其涂遠其至阸。故先王度用其重而因之。珠玉為上幣。黄金為中幣。刀布為下幣。先王高下中幣。利下上之用。（通）輕重黄金上比下比以利用珠玉恒重刀布恒輕唯金居中從穀幣高下百乘之國。中而立市。東西南北度五十里。一日定慮。二日定載。三日出竟。五日而反。百乘之制輕重。毋過五日。百乘為耕田萬頃。為戶萬戶。為開口十萬人。為分者萬人。為輕車百乘。為馬四百匹。(通)高下中幣金之權百千萬乘馬之制此亦所云揆度千乘之國中。而立市。東西南北度百五十餘里。二曰定慮。三曰定載。五曰出竟。十日而反。千乘之制。輕重毋過一旬。千乘為耕田十萬頃。為戶十萬戶。為開口百萬人。為當分者十萬人。為輕車千乘。為馬四千匹。萬乘之國。中而立市。東西南北度五百里。三日定慮。五日定載。十日出竟。二十日而反。萬乘之制。輕重毋過二旬。萬乘為耕田百萬

頃爲戸百萬戸爲開口千萬人爲當分者百萬人爲輕車萬乘爲馬四萬匹

管子曰匹夫爲鰥匹婦爲寡老而無子者爲獨君問其若有子弟師役而死者父母爲獨上必葬之衣衾三領木必三寸鄉吏視事葬於公壤若產而無弟兄上必賜之匹馬之壤故親之殺其子以爲上用不苦也君終歲行邑里其人力同而宮室美者良萌也力作者也脯二束酒一石以賜之力足蕩遊不作老者譙之當壯者遣之邊戍民之無本

者貸之圍疆，故百事皆舉，無留力失時之民。此皆

國筴之數也。

上農挾五，中農挾四，下農挾三。上女衣五，中女衣四，下女衣三。農有常業，女有常事。一農不耕，民有為之飢者；一女不織，民有為之寒者。飢寒凍餓，必起於糞土。故先王謹於其始。事再其本，民無糧者賣其子；三其本，若為食；四其本，則鄉里給；五其本則遠近通，然後死得葬矣。事不能再其本，而上之求焉無止，然則姦塗不可獨遵，貨財不安於拘。隨

之以法則中內摲民也。輕重不調，無饘之民不可責理，鬻子不可得使，君失其民，父失其子，亡國之數也。管子曰：神農之數曰：一穀不登，減一穀，穀之法什倍；二穀不登，減二穀，穀之法再十倍。夷疏滿之，無食者予之陳，無種者貸之新，故無什倍之賈，無倍稱之民。

國准第七十九

管子輕重十一

桓公問於管子曰：國准可得聞乎？管子對曰：國准

者視時而立儀桓公曰何謂視時而立儀對曰黄帝之王謹逃其爪牙有虞之王枯澤童山夏后之王燒增藪焚沛澤不益民之利殷人之王諸侯無牛馬之牢不利其器周人之王官能以備物五家之數殊而用一也桓公曰然則五家之數籍何者為善也管子對曰燒山林破增藪焚沛澤猛獸衆也童山竭澤者君智不足也燒增藪焚沛澤不益民利逃械器閉智能者輔已者也諸侯無牛馬之牢不利其器者曰淫器而壹民心者也以人御人

逃戈刃高仁義乘天固以安已者也。五家之數殊而用一也。(通)驅猛獸以利民曰逃爪牙弛山澤以予民曰童竭君智不足謂其無所操重也彼法中說如此夏尚忠乃不益利閑智能非以明民是謂輔已商尚質乃無牢不利器反溪於無樸以壹民心周尚文故官能備物以人御人偃武右文以為固而安

桓公曰。今當時之王者立何而可。管子對曰。請兼用五家而勿盡。桓公曰。何謂。管子對曰。立祈祥以

固山澤立械器以使萬物天下皆利而謹操重筴童山竭澤益利搏流出山金立幣存菹丘立騈牢以為民饒彼菹菜之壤非五穀之所生也麋鹿牛馬之地春秋賦生殺老立施以守五穀此以無用之壤藏民之羸五家之數皆用而勿盡（通）固山澤而童竭之利莞于上矣械器益利而持流守其重矣出金通幣利布于泉矣菹丘騈牢畜蕃于澤矣借五家以行巳輕重五家本法不如是也故聖之所設盜之所藉無惟乎絶聖棄智蓋塞源之說哉

桓公曰五代之王以盡天下數矣來世之王者可得而聞乎管子對曰好譏而不亂亟變而不變時至則爲過則去王數不可豫致此五家之國准也

評好譏者嚴察於下亟變者權衡于上譏而用變變以乘譏此所謂輕重貨殖化居之牟利無出於此然有不亂有不變猶有持之者固猶勝桒劉之狗利乎要于不言遠矣

輕重甲第八十

管子輕重十三

桓公曰輕重有數乎管子對曰輕重無數物發而應之聞聲而乘之故為國不能來天下之財致天下之民則國不可成桓公曰何謂來天下之財管子對曰昔者桀之時女樂三萬人端譟晨樂聞於三衢是無不服文繡衣裳者伊尹以薄之游女工文繡纂組一純得粟百鍾於桀之國（通）天下有暴君聖王之藉非術鉤之勢致流然夫桀之國者天子之國也桀無天下憂飾婦女鍾鼓之樂故伊尹得其粟而奪之流此之謂來天下之財桓公曰何

謂致天下之民。管子對曰。請使州有一掌里有積五窌民無以與正籍者予之長假。死而不葬者予之長度。通長假補助之謂長度漏澤之謂飢者得食。寒者得衣。死者得葬。不資者得振。則天下之歸我者若流水。此之謂致天下之民。故聖人善用非其有。使非其人。動言操辭。萬民可得而親。桓公曰善。

桓公問管子曰。夫湯以七十里之薄兼桀之天下其故何也。管子對曰。桀者冬不爲杠。夏不束柎。以觀湅溺。弛牝虎充市以觀其驚駭至湯而不然矣競而積粟。飢者食之。寒者衣之。不資者振之。天下歸湯若流水。此桀之所以失其天下也。桓公曰桀使湯得為是其故何也。管子曰女華者桀之所愛也。湯事之以千金。曲逆者桀之所善也。湯事之以千金。內則有女華之陰。外則有曲逆之陽。陰陽之議合而得成其天子。此湯之陰謀也。

（評）史以陰謀誣文王太公管氏書又以陰謀誣成湯伊尹道德之家有激以非聖而名法權數之家有挾以誣聖

此戰國策士之藉口哉亦其積心然七雄兵爭二百年無已計唯陰謀一策可定于一故王繚李斯之說行而聞金朝出天下夕卷此爲陰陽之議合而成其爲天子哉三代以下世運固然獨不可自行而無那重言誣先王也過矣

桓公曰輕重之數國准之分吾已得而聞之矣請問用兵奈何管子對曰五戰而至於兵桓公曰此若言何謂也管子對曰請戰衡戰准戰流戰權戰勢戰此所謂五戰而至於兵者也桓公曰善

補曰如字當作之字言輿死扶傷之孫之義荼白首也寶字或是實字言倳戟死事之實與三等人皆所當恤也

桓公欲賞死事之後。曰吾國者衢處之國。饋食之都。虎狼之所棲也。今每戰輿死扶傷如孤荼首之孫。仰倳戟之寶。吾無由與之。為之奈何。（通）倳戟謂死事寶謂賞言白首之孤孫仰死戰之賞何以與之。管子對曰。吾國之豪家。遷封食邑而居者。君章之以物。則物重。不以物。則物輕。守之以物。則物重。不守以物。則物輕。故遷封食邑富商蓄賈積餘藏羨跱蓄之家。此吾國之豪家也。（通）莱士但言富強然必先富而後強故輕重詳于是國乃及足兵焉故君請縞素而就士室朝功臣世家遷封食邑積餘藏羨跱蓄之家曰城脆致衝無委致圍天下有慮齊獨不與其謀子大夫有五穀菽粟者勿敢左右請以平賈取之子與之定其券契之齒釜鏂之數不得為侈弇焉（通）曰平是賈不左不右故不得侈弇困窮之民聞而糴之釜鏂無止遠通不推國粟之賈坐長而四十倍君出四十倍之粟以振孤寡牧貧病視獨老窮而無子者靡得相鬻而養之勿使赴於溝澮之中若此則士爭前戰為顏行矣

偷而為用。與死扶傷。死者過半。此何故也士非好
戰而輕死。輕重之分使然也。
桓公曰。皮幹筋角之徵甚重。重籍於民而貴市之
皮幹筋角。非為國之數也。管子對曰。請以令高杠
柴池。使東西不相睹。南北不相見。桓公曰。諾。行事
期年而皮幹筋角之徵去分。民之籍去分。桓公召
管子而問曰。此何故也。管子對曰。杠池平之時。夫
妻服簟。輕至百里。今高杠柴池東西南北不相睹
天酸然雨。十人之力不能上。廣澤遇雨。十人之力

不可得而恃夫舍牛馬之力無所因（通）此句言人力不可恃舍牛馬之力無因而上牛馬絕罷而相繼死其所者相望皮幹筋角徒予人而莫之取牛馬之賈必坐長而百倍天下聞之必離其牛馬而損歸齊若流故高杠栅池所以致天下之牛馬而損民之籍也道若祕云物之所生不若其所聚

桓公曰弓弩多匡軗苦禮切着而重籍於民奉繕工而使弓弩多匡軗着其故何也管子對曰鵝鶩之舍近鵾雞鵠鴇音保之通遠鵠鵾之所在君請式

璧而聘之。桓公曰諾。行事期年而上無闕者前無趨人。三月解弓弩無匡軫者召管子而問曰此何故也。管子對曰。鵠鵰之所在。君式璧而聘之。菹澤之民聞之。越平而射遠。非十鈞之弩。不能中鵰雞鵠鵾彼十鈞之弩。不得棊撒。不能自正。故三月解弓弩無匡軫者。此何故也。以其家習其所也。

桓公曰。寡人欲藉於室屋。管子對曰。不可。是毀成也。欲藉於萬民。管子曰。不可。是隱情也。欲藉於六畜管子對曰不可是殺生也欲藉於樹木管子對曰不可是伐生也然則寡人安藉而可管子對曰君請藉於鬼神桓公忽然作色曰萬民室屋六畜樹木且不可得藉鬼神乃可得而藉夫管子對曰厭宜乘勢事之利得也計議因權事之囿大也王者乘勢聖人乘幼與物皆宜桓公曰行事奈何管子對曰昔堯之五吏五官無所食君請立五厲之祭祭堯之五吏春獻蘭秋獻落原魚以爲脯鯢以爲殽若此則澤魚之正伯倍異日則無屋粟邦布

之籍此之謂設之以祈祥推之以禮義也然則自

足何求於民也(評)桼之用魚幾何而曰百倍異日

説夢耶兒戲耶

桓公曰天下之國莫强於越今寡人欲北舉事孤

竹離枝恐越人之至為此有道乎(評)春秋越荒遠

小夷耳如何曰莫强曰至是兎藏而露尾也管子

對曰君請遏原流大夫立沼池令以矩游為樂則

越人安敢至桓公曰行事奈何管子對曰請以令

隱三川立員都立大舟之都大身之都有深淵壘

十仞。令曰能游者賜千金。未能用金千。齊民之游水不避吴越。桓公終北舉事於孤竹離枝。越人果至。隱曲菑以水齊。管子有扶身之士五萬人。以待戰於曲菑。大敗越人。此之謂水豫。

齊之北澤燒火。獵而行火曰燒。式照反光照堂下。管子入賀桓公曰。吾田野辟。農夫必有百倍之利矣。是歲租税九月而具。粟又美。桓公召管子而問曰。此何故也。管子對曰。萬乘之國。千乘之國。不能無薪而炊。今北澤燒。莫之續。則是農夫得居裝而賣其薪蕘大曰薪，小曰蒸。一束十倍，則春有以倳耜，夏有以決芸，此租稅所以九月而具也。

桓公憂北郭民之貧，召管子而問曰：北郭者盡屨縷之甿也，以唐園為本利，為此有道乎？管子對曰：請以令禁百鍾之家不得事鱎，千鍾之家不得為唐園，去市三百步者不得樹葵菜，若此，則空閒有以相給資，則北郭之甿有所讎其手搔之功，唐園之利，此有十倍之利。

管子曰：陰王之國有三，而齊與在焉。桓公曰：此若言可得聞乎管子對曰楚有汝漢之黃金而齊有渠展之鹽燕有遼東之煑此陰王之國也且楚之有黃金中齊有菑石也（通）黃金中菑石以上不操輕重而重者輕也故曰不工不善使天下得倪而是苟有操之不工用之不善天下倪而是耳使夷吾得居楚之黃金吾能令農毋耕而食女毋織而衣今齊有渠展之鹽渠展齊地泲水所流入海之處可煑鹽之所也故曰渠展之鹽請君伐菹薪草枯曰菹采居反煑沸火為鹽正音征而積之桓公曰諾十月始正至於正月成鹽三萬六千

鍾召管子而問曰安用此鹽而可管子對曰孟春既至農事且起大夫無得繕冢墓理宮室立臺榭築墻垣北海之衆無得聚庸庸功也 ㊂通 庸募役也與傭同謂趣民于農不得募聚以煮而煮鹽北海之衆謂北海煮鹽之人本意禁人煑鹽託以農事慮有妨奪先自大夫起欲人不知其機斯為權術若此則鹽必坐長而十倍桓公曰善行事奈何管子對曰請以令糶之梁趙宋衛濮陽彼盡饋食之也國無鹽則腫守圉之國本國自無遠饋而食圉圉與禦同用鹽獨甚

評 當時分國可用糶鹽自罷封建有行而無糶然

則下之食鹽上之引鹽相減于古不知幾矣桓公曰諾乃以令使糴之得成金萬一千餘斤桓公召管子而問曰安用金而可管子對曰請以令使賀獻出正籍者必以金金坐長而百倍運金之重以衡萬物盡歸於君故此所謂用若挹於河海若輸之給馬此陰王之業

管子曰萬乘之國必有萬金之賈千乘之國必有千金之賈百乘之國必有百金之賈非君之所賴也君之所與故為人君而不審其號令則中一國

而二君二王也。桓公曰。何謂一國而二君二王。管子對曰。今君之籍取以正。萬物之賈輕去其分。皆入於商賈。此中一國而二君二王也。故賈人乘其弊以守民之時。貧者失其財。是重貧也。農夫失其五穀。是重竭也。故爲人君而不能謹守其山林菹澤草萊。不可以立爲天下王。桓公曰。此若言何謂也。管子對曰。山林菹澤草萊者薪蒸之所出。犧牲之所起也。故使民求之。使民藉之。因以給之。私愛之於民。若弟之與兄。子之與父也。然後可以通財

趍。謂蠶月君以游財給民之養蠶者口食筍曲之用至蚕耽則大分絓絲以償昔日游財也

交殷也。故請取君之游財而邑里布積之。陽春蠶桑且至。請以給其口食筍曲之彊若與。則絓絲之籍去分而歛矣。且四方之不至。六時制之。春曰傳耜。次曰獲麥。次曰薄芋。次曰樹麻。次曰絶菹。次曰大雨且至。趣芸壅培。六時制之。㊀通 本末之于民務相乘六時制之趍于農而輟于賈也不至之時用守至用泄則輕重左我臣給至於國都。善者鄉因其輕重。守其委廬。故事至而不妄。然後可以立為天下王。

管子曰。一農不耕。民或為之飢。一女不織。民或為之寒。故事再其本。則無賣其子者。事三其本。則衣食足。事四其本。則正籍給。事五其本。則遠近通。死得藏。今事不能再其本。而上之求焉無止。是使姦涂不可獨行。遺財不可包止。隨之以法。則是下艾。民食三升。則鄉有正食而盜。食二升。則里有正食而盜。食一升。則家有正食而盜。今操不反之事。而食四十倍之粟。而求民之毋失。不可得矣。且君朝令而求夕具。

（評）孟子用一緩二之說朝令夕具之

衡也正欲其薄又欲其緩後世催科急于場功冬
穀入于市賈之窌半歲而彼收廢居什二三農折
入三四矣朝令一怒之說可為暴征箴頃以反而
用之守重流則又賈而王也可以恤其病不可攘
其利有者出其財。無有者賣其衣屨農夫糶其五
穀。三分賈而去。是君朝令一怒布帛流越而之天
下。君求焉而無止。民無以待之。走亡而棲山阜持
戈之士。顧不見親家族失而不分。民走於中而士
遁於外。此不待戰而內敗。

管子曰令為國有地牧民者務在四時守在倉廩國多財則遠者來地辟舉則民留處倉廩實則知禮節衣食足則知榮辱今君躬犁墾田耕發草土得其穀矣民人之食有人若干步畝之數然而有餓餒於衢閭者何也穀有所藏也今君鑄錢立幣民通移人有百十之數然而民有賣子者何也財有所并也故為人君不能散積聚調高下分并財君雖彊本趣耕發草立幣而無止民猶若不足也

桓公問於管子曰令欲調高下分并財散積聚不

然則世且并兼而無止，蓄餘藏羨而不息，貧賤鰥寡獨老不與得焉。散之有道，分之有數乎？管子對曰：唯輕重之家為能散之耳，請以令輕重之家。桓公曰：諾。東車五乘，迎癸乙於周下原。桓公問四因與癸乙、管子、寧戚相與四坐。桓公曰：請問輕重之數。癸乙曰：重籍其民者失其下，數欺諸侯者無權與。管子差肩而問曰：吾不籍吾民，何以奉車革？不籍吾民，何以待鄰國？癸乙曰：唯好心為可耳。夫好心則萬物通，萬物通則萬物運，萬物運則萬物賤萬物賤則萬物可因。知萬物之可因而不因者奪於天下。奪於天下者。國之大賊也。桓公曰。請問好心萬物之可因。癸乙曰。有餘富無餘乘者。責之卿諸侯。足其所。不賂其游者。責之令大夫。若此則萬物通。萬物通則萬物運。萬物運則萬物賤。萬物賤則萬物可因矣。故知三准同筴者。㊀穀金幣為三准操輕重以流為同筴能為天下不知三准之同筴者。不能為天下。故申之以號令。抗之以徐疾也。民乎其歸我若流水。此輕重之數也。

桓公問於管子曰今倳戟十萬薪菜之靡日虛十里之衍頓戟一譟而靡幣之用日去千金之積久之且何以待之管子對曰粟賈平四十則金賈四千粟賈釜四十則鍾四百也十鍾四千也二十鍾者爲八千也金賈四千則二金中八千也然則一農之事終歲耕百畝百畝之收不過二十鍾一農之事乃中二金之財耳故粟重黃金輕黃金重而粟輕兩者不衡立故善者重粟之賈釜四百則是鍾四千也十鍾四萬二十鍾者八萬金賈四千則

越〻用食用也言勇於取戰死而不顧者為有重祿而口滿食有重賞而手滿錢動於利也

是十金四萬也。二十金者為八萬。故發號出令曰。一農之事有二十金之筴。然則地非有廣狹。國非有貧富也。通於發號出令審於輕重之數然

管子曰。潼然擊鼓士忿怒。鎗然擊金士帥然。筴桐鼓從之輿死扶傷爭進而無止。口滿用。手滿錢。非大父母之仇也。重祿重賞之所使也。故軒冕立於朝。爵祿不隨。臣不為忠中軍行戰。委予之賞不隨士不死其列陳。然則是大臣執於朝。而列陳之士執於賞也。故使父不得子其子。兄不得弟其弟。妻

不得有其夫。唯重禄重賞爲然耳。故不遠道里而能威絶域之民，不險山川而能服有恃之國。發若雷霆，動若風雨，獨出獨入，莫之能圉。

桓公曰：四夷不服，恐其逆政游於天下而傷寡人，寡人之行爲此有道乎？管子對曰：吳越不朝，珠象而以爲幣乎？發朝鮮不朝，請文皮毤（他卧切，落毛也）服而以爲幣乎？禺氏不朝，請以白璧爲幣乎？崐崘之虚不朝，請以璆琳琅玕爲幣乎？故夫握而不見於手，含而不見於口，而辟千金者，珠也，然後八千里之吳越可得而朝也。一豹之皮，容金而金也，然後八千里之發朝鮮可得而朝也。懷而不見於抱，挾而不見於掖，而辟千金者，白璧也，然後八千里之禺氏可得而朝也。簪珥而辟千金者，璆琳琅玕也，然後八千里之崐崘之虛（評）崐崘去中國甚遠漢窮河源猶非真崐崘也而此曰八千里何居意西番別有名國如小西天之類耶可得而朝也。故物無立事，無接遠近，無以相因，則四夷不得而朝矣。（演）珠象文皮白璧琳琅彼以為產我以為幣則四國之產皆争讐其寶以為利而我得因其利以制其命何也彼不通于上國則壅利而無用通之必于朝用之至今中國四方之夷屬職貢者皆厚进而薄來我不得其利而彼得通其利故蕃夷琛貨市于京師為其以市而貢而我因以市為服也此中國馭夷之大權也

管子權第二十三卷終

管子榷卷第二十四

唐司空房　玄齡　註

明道民朱　長春　榷

輕重乙第八十一

輕重十四

（評）文議俱鄙淺不足觀

評按管子輕重十二篇本文盡矣雖僞猶有可觀所云甲乙十篇又後好事借名勦說而演之改頭換面附根生枝至駔賈之所不屑童兒之所不可欺如是能爲國乎况于伯議既陋鄙文亦猥屑脩詞者取節猶可施之于行遠矣已附于書稍爲訂次之甲尚未謬乙以下可廢

桓公曰天下之朝夕可定乎管子對曰終身不定

桓公曰其不定之說可得聞乎管子對曰地之東西二萬八千里南北二萬六千里天子中而立國

之四面。面萬有餘里。民之入正籍者亦萬有餘里。故有百倍之力而不至者。有十倍之力而不至者。有俛而是者。則遠者疏。疾怨上。邊竟諸侯受君之怨民。與之為善。缺然不朝。是天子塞其涂。熟穀者去。天下之可得而霸。㊂通王德不至諸侯受其怨民以興霸桓公曰。行事奈何。管子對曰。請與之立壤。列天下之旁。天子中立。地方千里。兼霸之壤三百有餘里。佌諸侯度百里。負海子男者度七十里。若此。則如胷之使臂。臂之使指也。然則小不能分於民稚徐疾羨不足。雖在下不為君憂。夫海出泲無止。山生金木無息。草木以時生。器以時靡幣。泲水之鹽以日消。終則有始。與天壤爭。是謂立壤列也。

評 泲金木于丘壤東西南北于朝夕都不相應

武王問於癸度曰。賀獻不重。身不親於君。左右不足。友不善於羣臣。故不欲收穡戶籍而給左右之用。為之有道乎。癸度對曰。吾國者。衢處之國也。遠秸之所通。游客蓄商之所道。財物之所遵。故苟入吾國之粟。因吾國之幣。然後載黃金而出。故君請重重而衡輕輕運物而相因。則國筴可成。故謹毋失其度。未與民可治。武王曰。行事奈何。癸度曰。金出於汝漢之右衢。珠出於赤野之末光。玉出於禺氏之旁山。此皆距周七千八百餘里。其涂遠。其至阸。故先王度用於其重。因以珠玉為上幣。黃金為中幣。刀布為下幣。故先王善高下中幣。制下上之用。而天下足矣。

桓公曰。衡謂寡人曰。一農之事必有一耜一銚一鎌一鎒一椎一銍。然後成為農。一車必有一斤一鋸一釭一鑽一鑿一銶奇休切鑿屬一軻然後成為車一女必有一刀一錐一箴一鉥時橘切長針也然後成為女請以令斷山木鼓山鐵是可以毋籍而用足管子對曰不可令發徒隸而作之則逃亡而不守發民則下疾怨上邊竟有兵則懷宿怨而不戰未見山鐵之利而內敗矣故善者不如與民量其重計其贏民得其十君得其三有雜之以輕重守之以高下若此則民疾作而為上虜矣通虜者奴使之也疾為上作是為上奴

桓公曰請問壤數管子對曰河埶諸侯畝鍾之國也磧（側革切）山諸侯之國也河埶諸侯常不勝山諸侯之國者豫戒者也桓公曰此若言何謂也管子對曰夫河埶諸侯畝鍾之國也故穀衆多而不理固不得有至於山諸侯之國則斂蔬藏菜此之謂豫戒（演）沃土之民淫瘠土之民義此言沃土之民貪墝土之民饒饒生於義貧生於淫也故關中三河畝收不及江南什七而富什倍秦趙之間萬金之家布衣而截蔬食終歲江南千金之享溢於正

侯觀其所用而民俗可知也國富可知也桓公曰壤數盡於此乎管子對曰未也昔狄諸侯畝鍾之國也故粟十鍾而錙金程諸侯山諸侯之國也故粟五釜而錙金故狄諸侯十鍾而不得傳戟程諸侯五釜而得傳戟十倍而不足或五分而有餘者通於輕重高下之數國有十歲之蓄而民食不足者皆以其事業望君之祿也君有山海之財而民用不足者皆以其事業交接於上者也故租籍君之所宜得也正籍者君之所強求也亾君廢其所

宜得而斂其所强求故下怨上而令不行民奪之則怒予之則喜民情固然先王知其然故見予之所不見奪之理故五穀粟米者民之司命也黄金刀布者民之通貨也先王善制其通貨以御其司命故民力可盡也

（通）五穀生之于下金布莞之于上操其莞以通其生而輕重之故予爲奪奪爲予是制其通以御其命

管子曰泉雨五尺其君必辱食稱之國必亾待五穀者衆也故樕木之勝霜露者不受令於天家足

其所者不從聖人。故奪然後予。高然後下。喜然後怒。天下可舉。

桓公曰。强本節用。可以為存乎。管子對曰。可以為益愈而未足以為存也。昔者紀氏之國。强本節用者。其五穀豐滿而不能理也。四流而歸於天下。若是。則紀氏其强本節用。適足以使其民穀盡而不能理。為天下虜。是以其國亡而身無所處。故可以益愈而不足以為存。故善為國者。天下下我高。天下輕我重。天下多我寡。然後可以朝天下。

桓公曰寡人欲毋殺一士毋頓一戟而辟方都二爲之有道乎管子對曰涇水十二空汶淵洙浩滿三之於乃請以令使九月種麥日至日穫則時雨未下而利農事矣桓公曰諾令以九月種麥日至而穫量其艾一收之積中方都二故此所謂善因天時辯於地利而辟方都之道也

管子入復桓公曰終歲之租金四萬二千金請以一朝素賞軍士桓公曰諾以令至鼓期於泰舟之野期軍士桓公乃即壇而立甯戚鮑叔隰朋易牙

賓胥無皆差肩而立管子執枹而揖軍士曰誰能陷陳破衆者賜之百金三問不對有一人秉劍而前問曰幾何人之衆也管子曰千人之衆千人之衆臣能陷之賜之百金管子又曰兵接弩張誰能得卒長者賜之百金問曰幾何人卒之長也管子曰千人之長千人之長臣能得之賜之百金管子又曰誰能聽旌旗之所指而得執將首者賜之千金言能得者壘千人賜之人千金其餘言能外斬首者賜之人十金一朝素賞四萬二千金廓然虛

桓公惕然太息曰吾曷以識此管子對曰君勿患且使外為名於其內鄉為功於其親家為德於其妻子若此則士必争名報德無北之意矣吾舉兵而攻破其軍并其地則非特四萬二千金之利也五子曰善桓公曰諾乃誡大將曰百人之長必為之朝禮千人之長必拜而送之降兩級其有親戚者必遺之酒四石肉四鼎其無親戚者必遺其妻子酒三石肉三鼎行教半歲父教其子兄教其弟妻諫其夫曰見其若此其厚而不死列陳可以反

於鄉乎。桓公終舉兵攻萊。戰於莒必市里。鼓旗未相望。衆少未相知。而萊人大遁。故遂破其軍。兼其地。而虜其將。故未列地而封。未出金而賞。破萊軍并其地。禽其君。此素賞之計也。

桓公曰。曲防之戰。民多假貸而給上事者。寡人欲為之出賂。為之奈何。管子對曰。請以令令富商蓄賈百符而一馬。無有者取於公家。若此則馬必坐長而百倍其本矣。是公家之馬。不離其牧阜。而曲防之戰賂足矣。

桓公問於管子曰：崇弟蔣弟丁惠之功世，吾歲罔。寡人不得籍斗升焉。去菹菜鹹鹵斥澤山間堤壠不爲用之壤，寡人不得籍斗升焉。去一列稼緣封十五里之原，強耕而自以爲落。其民寡人不得籍斗升焉。

（通）其一公族采地世祿不入于公税也，其二𥻆土不毛不入於公税也，其三近郊村落自占土為耕不入於公税也。

則是寡人之國五分而不能操其二。是有萬乘之號而無千乘之用也。以是與天子提衡，爭秩於諸侯。

提，持也。合衆弱以事一强者謂之衡。秩，次也。

為之有道乎管子對曰唯籍於號令為可耳桓公曰行事奈何管子對曰請以令發師置屯籍農（屯戍也發師置戍人有粟者則不行）十鍾之家不行（六斛四斗為鍾）百鍾之家不行千鍾之家不行行者不能百之一千之十而囷窌之數（囷丘倫反窌力救反）皆見於上矣君案囷窌之數令之曰國貧而用不足請以平價取之子皆案囷窌而不能挹損焉（挹猶謂減其數）君直幣之輕重以決其數（直猶當也謂決其積粟之數）使無券契之責（分之曰券合之曰契責讀曰債使百姓皆稱貸於君則無契券之債）則積藏囷窌之粟皆歸於君矣

故九州無敵竟土無患令曰罷師歸農無所用之

管子曰天下有兵則積藏之粟足以備其糧天下無兵則以賜貧甿若此則菹菜鹹鹵斥澤山間堁壈之壤無不發草此之謂籍於號令

管子曰滕魯之粟釜百則使吾國之粟釜千滕魯之粟四流而歸我若下深谷者非歲凶而民飢也辟之以號令引之以徐疾施乎其歸我若流水

桓公曰吾欲殺正商賈之利而益農夫之事為此有道乎管子對曰粟重而萬物輕粟輕而萬物重

兩者不衡立故殺正商賈之利而益農夫之事則請重粟之價金三百若是則田野大辟而農夫勸其事矣桓公曰重之有道乎管子對曰請以令與大夫城藏㊣通藏即今俗所云露積也積之于野人將發盜必城藏而後可如令露積之外有垣使卿諸侯藏千鍾令大夫藏五百鍾列大夫列大夫中大夫藏百鍾富商蓄賈藏五十鍾內可以為國委外可以益農夫之事桓公曰善下令卿諸侯令大夫城藏農夫辟其五穀三倍其賈則正商失其事而農夫

有百倍之利矣。

桓公問於管子曰。衡有數乎。管子對曰。衡無數也。衡者。使物一高一下。不得常固。桓公曰。然則衡數不可調耶。管子對曰。不可調。調則澄。通 非以明民將以愚之澄明也明殺則習常。澄則常。常則高下不貳。高下不貳。則萬物不可得而使固。桓公曰。然則何以守時。管子對曰。夫歲有四秋。而分有四時。故曰。農事且作。請以什伍農夫賦耜鐵。此之謂春之秋。大夏且至。絲纊之所作。此之謂夏之秋。而大秋成五穀之所會。此之謂秋之秋。大冬營室中。女事紡績緝縷之所作也。此之謂冬之秋。故歲有四秋而分有四時。已有四者之序。發號出令。物之輕重相什而相伯。故物不得有常固。故曰衡無數。

桓公曰。皮幹筋角竹箭羽毛齒革不足。為此有道乎。管子曰。惟曲衡之數為可耳。桓公曰。行事奈何。管子對曰。請以令為諸侯之商賈立客舍。一乘者有食。三乘者有芻菽。五乘者有伍養。天下之商賈歸齊若流水。

輕重丙第八十二亡

管子輕重十五

輕重丁第八十三

管子輕重十六

桓公曰寡人欲西朝天子而賀獻不足爲此有數乎管子對曰請以令城陰里城者築城也陰里齊地也使其牆三重而門九襲襲亦重也欲其事密人不知又先託築城而因使玉人刻石而爲璧刻石刻其石尺者萬泉八寸者八千七寸者七千珪中丁仲反四千瑗中五百好倍肉曰瑗璧之數

已具管子西見天子曰弊邑之君欲率諸侯而朝先王之廟觀於周室請以令使天下諸侯朝先王之廟觀於周室者不得不以彤弓石璧不以彤弓石璧者彤弓朱弓也非齊之所出蓋不可獨言石璧兼以彤弓者猶藏其機不得入朝天子許之曰諸號令於天下天下諸侯載黃金珠玉五穀文采布泉輸齊以收石璧石璧流而之天下天下財物流而之齊故國八歲而無籍陰里之謀也（評）有竅言亦有竅事耶桓公九合盛伯所少止一朝耳非春秋為棨石鐴菁茅勉于王哉伯

烏以命之雖然此猶借朝以行竇者也輕重家之託術因而託言不自知兎藏之露也東周不王不貢至求車求賻求金而設一令能使諸侯執弓辟又能禁入馬則何藉于桓之一匡耶其從禅也又其微也石為辟東百金又近塵飯桂薪

右石壁謀

桓公曰。天子之養不足。號令賦於天下。則不信諸侯。為此有道乎。管子對曰。江淮之間有一茅而三脊。母至其本。名之曰菁茅。請使天子之吏環封而守之。夫天子則封於大山。禪於梁父。號令天下諸矦曰。諸從天子封於太山。禪於梁父者。必抱菁茅一束以為禪籍。不如令者不得從天子。下諸矦載其黃金爭秩而走。江淮之菁茅坐長而十倍。其賈一束而百金。故天子三日即位。天下之金。四流而歸周若流水。故周天子七年不求賀獻者。菁茅之謀也。

右菁茅謀

桓公曰。寡人多務。令衡籍吾國之富商蓄賈稱貸家以利吾貧萌農夫不失其本事反此有道乎管子對曰惟反之以號令為可耳桓公曰行事柰何管子對曰請使賓胥無馳而南隰朋馳而北甯戚馳而東鮑叔馳而西四子之行定夷吾請號令謂四子曰子皆為我君視四方稱貸之閒其受息之氓幾何千家以報吾鮑叔馳而西反報曰西方之氓者帶濟負河菹澤之萌也漁獵取薪蒸而為食其稱貸之家多者千鍾少者六七百鍾其出之鍾也一鍾其受息之萌九百餘家賓胥無馳而南反

報曰。南方之萌者。山居谷處登降之萌也。上斲輪軸。下采杼栗田獵而為食。其稱貸之家。多者千萬少者六七百萬。其出之中伯伍也。其受息之萌八百餘家。甯戚馳而東反報曰。東方之萌。帶山負海若處上斷福漁獵之萌也。治葛縷而為食。其稱貸之家丁惠高國。多者五千鍾。少者三十鍾。其出之中鍾五釜也。其受息之萌八九百家。隰朋馳而北反報曰。北方之萌者。衍處負海煮泲為鹽。梁濟取魚之萌也。薪食。其稱貸之家。多者千萬。少者六七百萬其出之中伯二十也受息之氓九百餘家凡稱貸之家出泉參千萬出粟參數千萬鍾受子息民參萬家四子已報管子曰不弃我君之有萌中一國而五君之正也然欲國之無貧兵之無弱安可得哉桓公曰爲此有道乎管子曰惟反之以號令爲可請以令賀獻者皆以鐻枝蘭鼓則必坐長什倍其本矣君之棧臺之職亦坐長什倍請以令召稱貸之家君因酌之酒太宰行觴桓公舉衣而問曰寡人多務令衡籍吾國聞子之假貸吾貧萌

使有以終其上令寡人有鐻枝蘭鼓其賈中純萬泉也願以為吾貧萌決其子息之數使無券契之責稱貸之家皆齊首而稽顙曰君之憂萌至於此請再拜以獻堂下桓公曰不可子使吾萌春有以傳耜夏有以決芸寡人之德子無所寵若此而不受寡人不得於心故稱貸之家曰皆再拜受所出棧臺之職未能參千純也而決四方子息之數使無券契之責

（評）賈主市也君令朝賈令市君操一物出以曰中純萬錢何市而信之一枝一鼓以決

子息而焚責券富將立貧不徙則亂弭四方之萌聞之。父教其子兄教其弟曰夫墾田發務。上之所急。可以無庶乎君之憂我至於此。此之謂反準。

管子曰。昔者癸度居人之國。必四面望於天下。天下高亦高。天下高我獨下。必失其國於天下。桓公曰。此若言曷謂也。管子對曰。昔萊人善染練。茈之於萊純緇。緺綬之於萊亦純緇也。其周中十金。萊人知之。聞纂茈空。周且斂馬作見於萊人操之。萊有推馬。是自萊失綦茈而反準於馬也。(通)純緇甚

徵耳而中十金故纂訛空空則市難得故以馬作見錢而易之是失訛而反准馬也故可因者因之乘者乘之此因天下以制天下此之謂國準

桓公曰齊西水潦而民飢齊東豐庸而糶賤（庸用也謂豐稔而足用）欲以東之賤被西之貴為之有道乎管子對曰今齊西之粟釜（五鍾為釜）百泉則鏂二十也（斗二勝八合曰鏂烏侯反泉錢也）齊東之粟釜十泉則鏂二錢也請以令籍人三十泉得以五穀菽粟決其籍若此則齊西出三斗而決其籍齊東出三釜而決其籍然則

釜十之粟皆實於倉廩西之民飢者得食寒者得衣無本者予之陳無種者予之新若此則東西之相被遠近之準平矣君下令稅人三十錢準以五穀令齊西之人納三斗東之人納三釜以賑西之人則東西俱平矣管子曰智用無窮以區區之齊一匡天下本仁祖義成其霸業所行權術因機而發非為常道故別篇云偏行而不盡也

桓公曰衡數吾已得聞之矣請問國準管子對曰孟春且至溝瀆阮而不遂谿谷報上之水不安於藏內毀室屋壞牆垣外傷田野殘禾稼故君謹守泉金之謝物且為之舉大夏帷蓋衣幕之奉不給

謹守泉布之謝物且為之舉大秋甲兵求繕弓弩求弦謹絲麻之謝物且為之舉大冬任甲兵粮食不給黃金之賞不足謹守五穀黃金之謝物且為之舉已守其謝富商蓄賈不得如故此之謂國準

（許）四守皆民之必急市賈之必通者也非必一國之有上守其謝下又何以禁其通禁之旅必絕市必擾民將貧國將亂

龍鬬於馬謂之陽牛山之陰管子入復於桓公曰天使使者臨君之郊請使大夫初飭左右玄服天

之使者乎天下聞之曰神哉齊桓公天使使者臨其郊不待舉兵而朝者八諸侯此乘天威而動天下之道也故智者役使鬼神而愚者信之（許）即墨之天師破燕非以神威敵以神安圍城之民而壯之也此龍鬬而朝八諸侯何居誰歎乎謂人可愚自愚也況乎以愚愚

桓公終神管子入復桓公曰地重投之哉兆國有慟風重投之哉兆國有槍星其君必辱國有彗星必有流血浮丘之戰彗之所出必服天下之侻今

彗星見於齊之分。請以令朝功臣世家。號令於國中曰。彗星出寡人恐服天下之仇。請有五穀菽粟布帛文采者皆勿敢左右。國且有大事請以平賈取之。功臣之家。人民百姓皆獻其穀菽粟泉金。歸其財物以佐君之大事。此謂承天菑而求民鄰財之道也。

評 不以脩德肆赦弭天之灾而乘天菑為利乎民亦有心何能矯誣慢天瀆人曰唯財之以財不可以一人守也

桓公曰。大夫多并其財而不出腐朽五穀而不散。

管子對曰請以令召城陽大夫而請之桓公曰何哉管子對曰城陽大夫嬖寵被絺綌鵝鶩含餘秣齊鍾鼓之聲吹笙篪同姓不入伯叔父母遠近兄弟皆寒而不得衣飢而不得食子欲盡忠於寡人能乎故子毋復見寡人滅其位杜其門而不出功臣之家皆爭發其積藏出其資財以予其遠近兄弟以為未足又收國中之貧病孤獨老不能自食之萌皆與得焉故桓公推仁立義功臣之家兄弟相戚骨肉相親國無飢民此之謂繆數（評）此猶繆

而近于丘黜一人而國徧施

桓公曰峥丘之戰。（峥丘地名未聞說即葵丘）民多稱貸負子息以給上之急。度上之求寡人欲復業產。（業產者本業也）此何以洽。（洽通也言百姓為戎事失其本業令欲取之何以通於此也）管子對曰惟繆數為可耳。（繆讀曰謬假此術以陳其事也）桓公曰諾。令左右州曰表稱貸之家。（旌表）皆堊白其門而高其閭。（亦所以貴重之也）州通之師執折箓曰。君且使使者。桓公使八使者式璧而聘之以給鹽菜之用。（令使者賫石璧而與仍存問之謙言鹽菜之用）稱貸之家皆齊首稽顙而問曰。何以得此也使者曰。君令曰寡人聞之詩曰。愷悌君子民之父母也寡人有峥丘之戰吾聞子假貸吾貧萌使有以給寡人之急度寡人之求使吾萌春有以倳耜夏有以決芸而給上事子之力也是以式璧而聘子以給鹽菜之用。故子中民之父母也。稱貸之家皆折其券而削其書舊執之券皆折毀之所書之債皆削除之不用發其積藏出其財物以賑貧病分其故貲。故國中大給峥丘之謀也。此之謂繆數。

桓公曰。四郊之民貧商賈之民富寡人欲殺商賈之民以益四郊之民為之奈何管子對曰請以令決瓁洛之水通之杭莊之閒桓公曰諾行令未能一歲而郊之民殷然益富商賈之民廓然益貧桓公召管子而問曰此其故何也管子對曰決瓁洛之水通之杭莊之閒則屠酤之汁肥流水則蟁虻巨雄翡燕小鳥皆歸之宜昬飲此水上之樂也賈人蓄物而賣為讎買為取市未央畢而委舍其守列投蟁虻巨雄新冠五尺請挾彈懷丸游水上彈翡燕小鳥被於暮故賤賣而貴買四郊之民賣賤

何為不富哉？商賈之人何為不貧乎？桓公曰：善。(通)

市多屠酤，水通于市，則汁肥于水，水之肥者鳥蟲所集也。茂苑豐水，民所樂燕飲游嬉，空市之民出治游，則市之貿易者少，貿少則物賤，物賤故賈貧民富。(評)人君将禁游俠以歸本業，漢法刑三人飲而縱挾彈懷丸，男女襍水上乎鄉，責之罰即賈貧，賈何遽貧。

桓公曰：五衢之民衰然多衣弊而屨穿，寡人欲使帛布絲纊之賈賤，為之有道乎？管子曰：請以令沐

途旁之樹枝。使無尺寸之陰。桓公曰。諾。行令未能
一歲。五衢之民。皆多衣帛完屨。桓公召管子而問
曰。此其何故也。管子對曰。途旁之樹未沐之時。五
衢之民。男女相好。往來之市者。罷市相睹樹下。談
語終日不歸。男女當壯。扶輦推輿。相睹樹下。戲笑
超距。終日不歸。父兄相睹樹下。論議玄語。終日不
歸。是以田不發。五穀不播。麻桑不種。蠒縷不治。內
嚴一家而三不歸。則帛布絲纊之賈安得不貴。桓
公曰。善。通其害去。則其利興。無游民則無曠土。江

南所多溪民無千金之家游處多江山為之祟也

評上開游此禁游不計自矛盾乎游手游俠之民何渠必樹下眯目而望山童子塵塗之戲耳

桓公曰。糴賤寡人恐五穀之歸於諸侯寡人欲為百姓萬民藏之為此有道乎管子曰今者夷吾過市有新成囷京者二家大囷曰京君請式璧而聘之式用也璧石璧也聘問也賜之以璧仍存問之桓公曰諾行令半歲萬民聞之舍其作業而為囷京以藏菽粟五穀者過半桓公問管子曰此其何故也管子曰成囷京者二家君式璧而聘之。名顯於國中。國中莫不聞是民上則無功顯名於百姓也。㊣君禮于有功國何功于國而讎聘以名則爭效焉功立而名成下則實其國京。上以給上為君。一舉而名實俱在也。民何為也。桓公問管子曰。請問王數之守。終始可得聞乎。管子曰。正月之朝。穀始也。日至百日。黍秫之始也。九月歛實。平麥之始也。管子問於桓公。敢問齊方于幾何里。桓公曰。方五百里。管子曰。陰雍長城之地。其於齊國三分之一。非穀之所生也。㴻龍夏其於齊國四分之一也。朝夕外之。所壖齊地者五分之一。非穀之所生也。然則吾非託食之主耶。桓公遽然起曰。然則為之柰何。管子對曰。動之以言。潰之以辭。可以為國基。且君幣籍而務。則貫人獨操國趣。君穀籍而務。則農人獨操國固。君動言操辭。左右之流。君獨因之。物之始。吾已見之矣。物之終。吾已見之矣。物之賈。吾已見之矣。管子曰。長城之陽。魯也。長城之陰。齊也。三敗。殺君二重臣。定社稷者。吾此皆以孤突之地封者也。故山地者山也。

趙○云疑當作去

水地者澤也薪芻之所生者斥也公曰託食之主及吾地亦有道乎管子對曰守其三原㊣三原從穀幣之准軌而通之布穀六畜即廢居之說從有餘不足調輕重而御之公曰何謂三原管子對曰君守布則籍於麻十倍其賈布五十倍其賈此數也君以織籍籍於糸未為系籍糸撫織再十倍其賈如此則云五穀之籍是故籍於布則撫之系籍於穀則撫之山籍於六畜則撫之術㊣術市也經術之衢市在焉籍於物之終始而善御以言公曰

善。
管子曰。以國一籍臣右。守布。萬兩。而右麻籍四十倍其賈術布五十倍其賈。公以重布決諸侯賈。如此而有二十齊之故。(通)當布之急守。布而籍麻即上以織籍絲則麻輕而籍多五而十之其賈倍及麻之織守麻而市布即上籍絲撫織則布貴而賈高五而十之其賈倍又以重布而決諸侯之賈故云二十齊即上再十倍其賈之說也右高左輕右守左散始右守布既右麻籍高下徐疾之決也右殖。刑作形是。

左即輕重之變文籍徵也是故輕軼於賈穀制畜者則物軼於四時之輔。善為國者守其國之財湯之以高下。注之以徐疾。一可以為百。未嘗籍求於民。而使用若河海。終則有始。此謂守物而御天下也。公曰。然則無可以為有乎。貧可以為富乎。管子對曰。物之生未有刑。而王霸立其功焉。是故以人求人。則人重矣。以數求物。則物重矣。公曰。此若言何謂也。管子對曰。舉國而一則無貲。舉國而十則有百。然則吾將以徐疾御之。若左之授右。若右之

揆左是以外內不踐終身無咎王霸之不求於人而求之終始四時之高下令之徐疾而已矣源泉有竭鬼神有歇守物之終始身不竭此謂源究

輕重戊第八十四

輕重十七

桓公問於管子曰輕重安施管子對曰自理國虙戲以來未有不以輕重而能成其王者也公曰何謂管子對曰虙戲作造六峜以迎陰陽作九九之數以合天道而天下化之神農作樹五穀淇山之

陽九州之民乃知穀食而天下化之黃帝作鑽鐩生火以熟葷臊民食之無茲胃之病而天下化之黃帝之王童山竭澤有虞之王燒曾藪斬羣害以為民利封土為社置木為閭始民知禮也當是其時民無慍惡不服而天下化之夏人之王外鑿二十䖟韘十七湛疏三江鑿五湖道四涇之水以商九州之高以治九藪民乃知城郭門閭室屋之築而天下化之殷人之王立帛牢服牛馬以為民利而天下化之周人之王循六[illegible]合陰陽而天下化

之。公曰。然則當世之王者。何行而可。管子對曰。并用而毋俱盡也。公曰。何謂。管子對曰。帝王之道備矣。不可加也。公其行義而已矣。公曰。其行義奈何。管子對曰。天子幼弱。諸侯亢強。聘享不上。公其弱強繼絕。率諸侯以起周室之祀。公曰。善。

桓公曰。魯梁之於齊也。千穀也。〔通〕千即阡，阡之穀兩畔爭食之，比于隣冢。蠭螫也。齒之有脣也。蠭古蜂字。螫音尸亦反。言魯梁二國常為齊患也。今吾欲下魯梁。何行而可。〔評〕以下策多兒戲，可言不可行，可咲而不可用，奕之變只一局宗之變只一姓百谷之王一水也何貴乎徒多為陋管子對曰魯梁之民俗為綈（徒奚反繒之厚者謂之綈）公服綈令左右服之民從而服之公因令齊勿敢為必仰於魯梁則是魯梁釋其農事而作綈矣桓公曰諾即為服於泰山之陽（魯梁二國在泰山之南故為服於此近其境也欲魯梁人速知之）十日而服之管子告魯梁之賈人曰子為我致綈千匹賜子金三百斤什至而金三千斤則是魯梁不賦於民財用足也魯梁之君聞之則教其民為綈十三月而管子令人之魯梁

魯梁郭中之民道路揚塵十步不相見紲繑而踵相隨（紲繑謂連續也紲息列反繑丘喬反）車轂齺騎連伍而行（齺齧也士角反言其車轂往來相齧而騎東西連而行皆趨綈利耳）管子曰魯梁可下矣公曰柰何管子對曰公宜服帛率民去綈閉關毋與魯梁通使公曰諾後十月管子令人之魯梁魯梁之民餓餒相及（相及猶相繼也）應聲之正〔通〕應聲之正應君之令而征也無以給上（應聲之正謂急速之賦正音征）魯梁之君即令其民去綈修農穀不可以三月而得魯梁之人糴十百（穀斗千錢）齊糶十錢（穀斗十錢）二十四月魯

梁之民歸齊者十分之六。三年，魯梁之君請服。
桓公問管子曰：民飢而無食，寒而無衣。應聲之正無以給上。室屋漏而不居，墻垣壞而不築。為之奈何？管子對曰：沐涂樹之枝也。桓公曰：諾。令謂左右伯沐涂樹之枝。左右伯受沐涂樹之枝濶。其年，民被白布清中而濁。應聲之正有以給上。室屋漏者得居。墻垣壞者得築。公召管子問曰：此何故也？管子對曰：齊者夷萊之國也。一樹而百乘息其下者，以其不梢也。衆鳥居其上，丁壯者胡丸操彈居其下。終日不歸。父老柎枝而論。終日不歸。歸市亦情倪。終日不歸。今吾沐涂樹之枝。日中無尺寸之陰。出入者長時。行者疾走。父老歸而治生。丁壯者歸而薄業。彼臣歸其三不歸。此以鄉不資也。【評】以下多複言無當改頭換面移名易姓耳

桓公問於管子曰。萊莒與柴田相并。為之柰何。管子對曰。萊莒之山生柴。君其率白徒之卒。鑄莊山之金以為幣。重萊之柴賈。萊君聞之。告左右曰。金幣者。人之所重也。柴者。吾國之奇出也。以吾國之

奇出。盡齊之重寶。則齊可并也。萊即釋其耕農而

治紫。管子即令隰朋反農。二年。桓公止紫。萊莒之

糴三百七十。齊糶十錢。萊莒之民降齊者十分之

七。二十八月。萊莒之君請服。

桓公問於管子曰。楚者。山東之强國也。其人民習

戰鬭之道。舉兵伐之。恐力不能過。兵弊於楚。功不

成於周。為之奈何。管子對曰。即以戰鬭之道與之

矣。公曰。何謂也。管子對曰。公貴買其鹿。桓公即為

百里之城。使人之楚買生鹿。楚生鹿當一而八萬

道〻此策最謬悠不可欺三尺童子輕重篇中說多類此其為贋書無疑

管子即令桓公與民通輕重藏穀什之六。令左司馬伯公將白徒而鑄錢於莊山。令中大夫王邑載錢二千萬求生鹿於楚。楚王聞之。告其相曰。彼金錢。人之所重也。國之所以存。明王之所以賞有功。禽獸者羣害也。明王之所棄逐也。今齊以其重寶貴買吾羣害。則是楚之福也。天且以齊私楚也。子告吾民。急求生鹿。以盡齊之寶。楚民即釋其耕農而田鹿。管子告楚之賈人曰。子為我致生鹿二十。賜子金百斤。什至而金千斤也。則是楚不賦於民而財用足也。楚之男子居外。女子居涂。隰朋教民藏粟五倍。楚以生鹿藏錢五倍。管子曰。楚可下矣。公曰。奈何。管子對曰。楚錢五倍。其君且自得而修穀。錢五倍。是楚强也。桓公曰。諾。因令人閉關不與楚通使。楚王果自得而修穀。穀不可三月而得也。楚糴四百。齊因令人載粟處芊之南。楚人降齊者十分之四。三年而楚服。

桓公問於管子曰。代國之出何有。管子對曰。代之出狐白之皮。公其貴買之。管子曰。狐白應陰陽之變。六月而壹見。公貴買之。代人忘其難得喜其貴買必相率而求之。則是齊金錢不必出代民必去其本而居山林之中。離枝聞之。必侵其北。離枝侵其北代必歸於齊。公因令齊載金錢而往。桓公曰諾。即令中大夫王師北將人徒載金錢之代谷之上。求狐白之皮。代王聞之。即告其相曰。代之所以弱於離枝者。以無金錢也。今齊乃以金錢求狐白之皮。是代之福也。子急令民求狐白之皮以致齊之幣。寡人將以來離枝之民。代人果去其本處山林之中求狐白之皮。二十四月而不得一。離枝聞之。則侵其北。代王聞之大恐。則將其士卒葆於代谷之上。離枝遂侵其北。王即將其士卒願以下齊。齊未亾一錢幣。修使三年而代服。

桓公問於管子曰。吾欲制衡山之術。爲之柰何。管子對曰。公其令人貴買衡山之械器而賣之。燕代必從公而買之。秦趙聞之。必與公爭之。㊣通（春秋安有趙代戰國人之露肘也）必與公爭之。衡山之械器必倍其賈。天下爭之。衡山械器必什倍以上。公曰。諾。因令人之衡山求買械器，不敢辯其貴賈。齊修械器於衡山十月，燕代聞之，果令人之衡山求買械器。燕代修三月，秦國聞之，果令人之衡山求買械器。衡山之君告其相曰：天下爭吾械器，令其買再什以上。衡山之民釋其本，修械器之巧。齊即令隰朋漕粟於趙。趙糴十五，隰朋取之石五十。天下聞之，載粟而之齊。齊修械器十七月，修糴五月，即閉關不與衡山通使。燕代秦趙即引其使而歸。衡山械器盡，魯削衡山之南，齊削衡山之北。內自量無械器以應二敵即奉國而歸齊矣。

輕重已第八十五

輕重十八

演月令而外此中具四時五行最詳亦頗複出想雜撰諸游士之手各志所聞亦多有義皆小正支跡也然而古之敬授時以重民紀可見焉後世唯須一曆書但列時日休咎不載朝政民務訪之必于前代典章故老俗談顧于今浸蔑矣無言國儀民間歲時風俗服食趨忌自子六

十年来輕薄少年多違棄不問冥行所忘耳是以民多疾病夭札末作厥而閭里貧刑亂滋故

聖人首曰行時

清神生心。心生規。規生矩。矩生方。方生正。正生曆。曆生四時。四時生萬物。聖人因而理之。道徧矣。（通）

推曆時生于心合天於人聖人因心而理時人相乎天規圜為天矩方為地天生地故地在游儀之中衡南北以司日出入定二至四時此曆時之由生也度地有步候天有晷地與天相距南極北極

趙刁鉊之姚切鐮也鉛緣理切擢音繉音覡緤也

相距之里數皆從矩生皆包渾儀之中

以冬日至始數四十六日。冬盡而春始。天子東出其國四十六里而壇。服青而繞青。搢玉總帶玉監朝諸侯卿大夫列士。循於百姓。號曰祭日。犧牲以魚。發出令曰。生而勿殺。賞而勿罰。罪獄勿斷。以待期年 ㊟通 期年冬也漢行刑亦盡冬月止 教民樵室鑽鐩。墐竈泄井。所以壽民也。耟耒耨懷鉊鉛。又擅權渠繉緤。所以御春夏之事也。必具。教民為酒食所以為孝敬也。民生而無父母謂之孤子。無妻無子謂之老鰥，無夫無子謂之老寡。此三人者，皆就官而衆，可事者不可事者，食如言而勿遺。多者爲功，寡者爲罪。是以路[illegible]乞者也。路有行乞者，則相之罪也。天子之春令也。

以冬日至始數九十二日，謂之春至。天子東出其國九十二里而壇，朝諸侯卿大夫列士，循於百姓，號曰祭星。十日之内，室無處女，路無行人，苟不樹藝者謂之賊人。通四之日于耜，在此十日，曰東作。下作之地，上作之天，謂之不服之民，處里爲下陳

處師為下通。謂之役夫。三不樹而主使之。（通）主使

如後沒為官奴與城旦舂之作。天子之春令也。

以春日至始數四十六日。春盡而夏始。天子服黃

而靜處。朝諸侯卿大夫列士。循於百姓。發號出令

曰。毋聚大眾。毋行大火。毋斷大木。誅大臣。毋斬大

山。毋戮大衍。滅三大。（通）大木大山大衍。夏曰蕃秀

禁傷其長養而國有害也。天子之夏禁也。

以春日至始數九十二日。謂之夏至。而麥熟。天子

祀於太宗。其盛以麥。麥者。穀之始也。宗者。族之始

也同族者人殊族者處皆齊大材也祭王母(通)王母即后媼土神土旺夏季社夏至之祀也記曰唯社單出里國人畢作天子之所以主始而忌諱也以夏日至始數四十六日夏盡而秋始而黍熟天子祀於太祖其盛以黍黍者穀之美者也(通)秋曰嘗祖者國之重者也大功者太祖(通)國也五廟小功者小祖(通)家也三廟二廟無功者無祖(通)庶人祭其先有田祭無田薦田以賞有功也無功者皆稱其位而立沃有功者觀於外(通)沃欽之也以功

得與于祖燕為沃即飲酹之樂也記曰君舉止于士故無功者立侍而外觀有功之矣祖者所以功祭也非所以戚祭也天子之所以異貴賤而賞有功也。

以夏日至始數九十二日。謂之秋至秋至而禾熟天子祀於太惢西出其國百三十八里而壇服白而繞白。搢玉總帶錫監吹塤篪之風。鑿動金石之音㊣通秋金主聲故吹風動音應究之令朝諸侯卿大夫列士。循於百姓。號曰祭月。犧牲以彘。發號出令罪而勿賞。奪而勿予。罪獄誅而生。勿終歲之罪。母有所赦。作衍牛馬之實。在野者王。王為句記曰馬牛羊有在野收之弗禁此王今律所謂入官也

天子之秋計也。以秋日至始數四十六日。秋盡而冬始。天子服黑。絻黑。而靜處。通 己亥陰陽六純之月子午南北二陸之極故皆靜處此與月令兩齋戒參看

朝諸侯卿大夫列士。循於百姓。發號出令。曰毋行大火。毋斬大山。毋塞大水。毋犯天之隆。天子之冬禁也。以秋日至始數九十二日。通 自冬至

起數故不言天子北出九十二里而壇服黑而繞黑朝諸侯卿大夫列士號曰發繇趣山人斷伐具械器（通）水落而斷伐臘月之木其器牢趣菹人薪雚葦足蓄積（通）水落而薪澤可久蓄三月之後皆以其所有易其所無謂之大通（通）連下句通其積也三月之蓄凡在趣耕而不耕民以不令（通）遊民也不耕之害也空芸而不芸百草皆存民以僅存（通）食少而飢不芸之害也空穫而不穫風雨將作五穀以削士民零落不穫之害也空藏而不藏霧

氣陽陽宜死者生宜蟄者鳴不藏之害也（通）當藏不藏霧氣陽陽死生蟄鳴為其反于來復之候貞元之道也此可以言養生矣故曰至道之極昏昏默默張耜當弩銚耨當斂戟穫渠當脅軻蓑笠當掖櫓故耕械具則戰械備矣（通）古人寓兵於農之法

朱長春評月令而外此中具四時五行最詳亦頗複出想襍撰諸游士之手各志所聞亦多有義皆小正支疏也然而古之敬授時以重民紀

可見焉

輕重庚第八十六　亡

管子榷卷第二十四終